解决学生品德修养中

郝克云 编著

——经常遇到的问题

青少年在成长过程中难免遇到这样或那样的问题

本书以青少年为对象，从个人品德修养方面提出了青少年可能遇到的问题，并帮助他们学会解决这些问题

中国出版集团
现代出版社

图书在版编目（CIP）数据

解决学生品德修养中经常遇到的问题／郝克云编著．
— 北京：现代出版社，2011.9（2025 年 1 月重印）
ISBN 978 - 7 - 5143 - 0321 - 6

Ⅰ．①解… Ⅱ．①郝… Ⅲ．①思想修养 - 青年读物
②思想修养 - 少年读物 Ⅳ．①D432.63

中国版本图书馆 CIP 数据核字（2011）第 146331 号

解决学生品德修养中经常遇到的问题

编 著	郝克云
责任编辑	袁 涛
出版发行	现代出版社
地 址	北京市安定门外安华里 504 号
邮政编码	100011
电 话	010 - 64267325 010 - 64245264（兼传真）
网 址	www.1980xd.com
电子信箱	xiandai@ vip.sina.com
印 刷	三河市人民印务有限公司
开 本	710mm×1000mm 1/16
印 张	13
版 次	2011 年 10 月第 1 版 2025 年 1 月第 9 次印刷
书 号	ISBN 978 - 7 - 5143 - 0321 - 6
定 价	49.80 元

前　言

　　人生就像在广阔海洋里的远航，航船之外风雨大作时掀起的巨浪喧嚣，有前拥后呼的虚浮浪沫，有一望无际的汪洋大海。但是只要帆桅挺直，就可以不畏惧前方的惊涛骇浪，就无须害怕波澜迭起的浪峰，最终抵达梦想的彼岸。品德修养就是人的帆桅。几乎所有的树根花根都算不上美丽，但枝、叶、花长出地表却是美丽的。它们靠的是什么，是那并不美丽甚至有些丑陋的根来吸收养分和水分而长出那份美丽。世上很少有人因为长得美丽而受人尊重，更多人是因为内心的高尚而赢得人们的尊重与爱戴。

　　品德是指人在行为作风上所表现出来的基于道德的思想、认识和品性等的本质。品德有高尚与卑下之分，层次有高也有低。大到爱国心、民族心，小到平时的言行举止。品德修养高的人，有强烈的爱国心，有民族的自豪感，有慈悲之心，有奉献的品质，有高尚的追求，有自我约束力，有严格的职业操守……

　　中国从古至今都十分重视个人品德的修养，并把它提到治国安邦、立身处世的高度。《四书》是中国传统文化之宝典，是 2000 年来人们的行为规范之圣经。其首篇《大学》："古之欲明明德于天下者，先治其国；欲治其国者，先齐其家；欲齐其家者，先修其身。""自天子以至于庶人，壹是皆以修身为本。其本乱而未治者否矣。其所厚者薄，而其所薄者厚，未之有也！"书中特别地强调了个人品德修养的重要性和源泉性。生命短

1

促，只有美德能将它传到辽远的后世。

　　学生是未来社会的中坚力量，代表着先进文化的发展方向，他们的品德修养也可以说代表着一个国家未来的品德修养水平。因此，加强品德教育，培养道德意识和社会公德，是教育中不可或缺的部分，是对学生进行素质教育的重要一环。但是面对光怪陆离的大千世界中"金钱至上"、"个人主义"等乱象时，很让人眼花缭乱，以致在价值取向上产生偏差。本书精心收集了108个有关学生品德修养的经典问题，并给出合理的意见和建议，旨在为位于道德边缘徘徊迷茫的学生们指出一条出路，培养出良好的个性，从而更好地融入社会，构建和谐社会。

　　品德修养是一笔财富，内心富有的人即使身在高位，或是满腹经纶，或是商贾巨富，也绝不会恃才傲物、盛气凌人、目空一切。品德高尚的人往往不断地擦拭心灵的窗户，往往会更加谦虚谨慎、礼贤下士、平易近人、善良宽厚。良好的道德品质和人格修养就是人的最美丽的东西。人人都具有这样的美丽，社会才会更加亲切，世界才会是和谐美丽的世界。

解决学生品德修养中经常遇到的问题

目　录

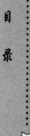

目

录

1

解决学生品德修养中经常遇到的问题

目录

目录

品德修养之爱国篇

怎样理解爱国主义？

　　爱国主义教育是全民教育。要认识到爱国主义教育是具有战略性意义的基础性工程。而爱国主义教育重点是广大青少年。现在在校学习的学生再经过十年八年即将走上社会，那时将是新世纪的主角，祖国的社会主义现代化建设宏伟蓝图将由你们去绘制，并变为现实。你们是国家和民族的希望。你们爱国情感的强弱，直接影响到未来公民的爱国之心，立国之志和报国之举，关系到国家和民族的前途和命运。所以，爱国主义教育必须从青少年抓起，并把它作为思想政治教育的一项基础工程，这对于培养青少年具有爱国的情感、志向和报效祖国的思想，有着极其重要的意义。

　　目前，在社会主义市场经济条件下，改革和建设过程中，许多新情况、新问题不可避免地出现了，如拜金主义、享乐主义、个人主义等现象，而有的人生理和心理都不成熟，极容易受到外界不良风气的影响，一部分人爱国主义、集体主义观念淡薄。让我们回想一下吧，范仲俺的

"先天下之忧而忧，后天下之乐而乐"、文天祥的"留取丹青照汗青"，这些反映了古代仁人志士的救国救民的思想，所以"人的本性不是自私的"。

弘扬和培育爱国主义精神要与时俱进。爱国主义精神的内涵需要随时代而不断丰富、发展。"要在 21 世纪实现中华民族的伟大复兴，就一定要丰富和发展伟大的民族精神。"

在当代中国，爱国主义与社会主义本质上是统一的。社会主义制度的确立，巩固和发展了新民主主义革命的成果，为我国社会生产力的发展和社会进步提供了可靠的保证与光明的前景，集中体现着国家、民族、人民的根本利益。40 多年来的社会主义建设，已经使我国改变了民生凋敝、满目疮痍的面貌，成为一个初步繁荣昌盛的国家。社会主义是中国人民的历史选择，是中国走向现代化的必由之路。今天，全体社会主义劳动者、拥护社会主义的爱国者，都越来越自觉地认识到，只有社会主义才能救中国，只有社会主义才能发展中国。拥护祖国统一的爱国者已经和正在为祖国的统一和强盛做出贡献，而且我们相信，会有越来越多的人成为社会主义的朋友。为了促进国家统一大业，我们提出了"一国两制"的方针。我们并不要求所有拥护祖国统一的爱国者都赞同祖国大陆实行的社会主义制度，只要他们赞同"一国两制"，我们就要同他们加强团结。

在当代中国，爱国主义与人民民主即社会主义民主，本质上也是统一的。世界上只有具体的、相对的民主，没有抽象的、绝对的民主。民主属于上层建筑。实行什么样的民主，取决于国家和社会制度的性质。社会主义民主同资本主义民主有着根本区别。民主建设是一个过程，它的发展程度，又同一定的经济文化状况相关联。我们党自成立之日起，就为争取人民民主而斗争。现在，我们仍然在为逐步完善社会主义民主和法制进行不懈的努力。在共产党领导下，人民当家做主，建设和管理自己的国家，这是社会主义民主的核心内容。维护和发展社会主义民主，是爱国主义的重要体现。

在当代，国内外敌对势力企图通过和平演变颠覆中国的社会主义制度，剥夺我国人民主宰自己国家命运的权利，使中国变成西方大国的附庸。如果失去了国家主权、民族独立和国家尊严，也就失去了人民民主，并且从根本上失去了人权。所以我们要树立高度的民族自尊、自信、自强精神，要勇于同破坏国家统一、损害民族团结、危害社会主义事业的行为，进行坚决地斗争，要自觉地和社会主义现代化建设事业同呼吸、共命运，在自己的岗位上努力学习，辛勤工作，促进安定团结，促进建设和改革，将继承和发扬爱国主义精神，体现在实际行动中。

此外，我们所提倡的爱国主义，绝不是狭隘的民族主义。狭隘将导致一叶障目而不见真理。高烧导致的狂热，爱国外衣下的狂热，不比那些地震或者海啸更可怕吗？拒绝日本人入内是爱国吗？不吃洋快餐是爱国吗？当爱国以如此敏感和狭隘的方式进入我们的视野，我们究竟应该庆幸还是悲哀？居心叵测的推断，无聊的口舌之争，又让我们在多大意义上接近爱国的精神内涵？那些过激的言论和行为因为打着"爱国"的旗号而分外冠冕堂皇，似乎只有从这些"不爱国"的民众身上践踏而过，才能证实自己更加爱国。爱国本来无错，但是当人们把爱国当做一场时髦的运动，随便找个靶子吐口水的时候，严肃的热情就异化为滑稽的狂热，爱国就在无聊的炒作中病变了。

爱国从来需要的就是实实在在的行动，而不是口号和空谈。从自身做起，从细节做起，也许是爱国主义的最好体现。爱国需要万众一心的凝聚力，需要以天下为己任的责任感。"云横九派浮黄鹤，浪下三吴起白烟"，正在走向复兴的中华民族，其前途和命运已经史无前例地融入了世界的格局。面对百年以来沉重的历史负荷和千年际遇，冷静、团结、开放和自尊成为我们爱国必须的心态。

怎样培养爱国主义精神？

"爱国主义教育是精神文明建设的重要内容。加强爱国主义教育，要贯穿社会主义现代化建设的整个过程。"这是江泽民同志指出的。学生作为社会主义未来的建设者，理应把爱国主义的培养放在重要的位置。这也是民族振兴、国家富强的必然要求。

那么，学生如何培养自己的爱国主义精神？爱国主义培养应从实践出发、从生活出发、从时效出发。

一、从实践出发

课堂教育是学生接受爱国主义教育的主要场所。作为学生，必须在课堂学习实践中，充分发掘分散在课文中的祖国人文资源和自然资源中深厚的爱国因素，唤醒学生爱国思想和浓烈的爱国情愫，形成民族的优越感、忧患感和使命感。

1. 培养对中华民族悠久历史、卓越的古代文明的自豪感，诸如被马克思高度评价为"资产阶级发展的必要前提"的"四大发明"，为世界文化界所推崇为人类文化源头和思想源泉之一的老庄哲学、孔孟儒学等等，可以从中强烈感受到中华民族的精神和物质文明史上所表现出来的智慧和创造力，油然而生自豪、自尊和自信的民族优越感受。

2. 培养忧患意识。诸如"长太息以掩涕兮，哀民生之艰"（屈原）式的仰天长叹，"我劝天公重抖擞，不拘一格降人才"（龚自珍）的热烈呼号，都表达了先贤诸哲对罹难祖国及其命运刻骨铭心的忧患意识和危机意识。这种苍凉的忧患意识，贯穿于中国文化传统之中。

3. 培养为了祖国的新生和发展而舍弃个人一切的使命意识与牺牲精神。"取义成仁今日事，人间遍种自由花"（陈毅）这种充满悲剧美的千古绝唱，能激沸爱国热血。应当说，在面临民族生死存亡、"小我"与"大我"两者之间必择其一的关键时刻，往往最能迸发出爱国主义激情。

二、从生活出发

提起爱国主义，有人认为是不切实际空洞的大道理。其实不然，"细微之处见精神"，在我们的生活处处都不乏爱国主义的高尚之举。当我们向处于困境的同学伸出援助之手；当我们为希望工程捐出 1 元钱，为贫困山区的人们献出一件寒衣；当我们毕业后回到家乡，建设家乡；当我们学成回国，报效祖国之时……当我们默默地，很自然地做着这一切的时候，不正体现了我们对社会也是对国家的一种责任感、使命感吗？只要我们时刻记住自己是中国人，那么爱国主义就无时无刻不在我们心中。

因此，学生要善于将爱国主义这一大概念具体分解成与生活、学习相关的细节，懂得一些生活小事也能体现爱国行为。自己也能做一些对国家有益的事情。老人们常讲自己童年时期吃野草，喝稀粥，忍饥挨饿，不少人活活饿死的血泪史和新中国人民所过的幸福生活，并希望同学们珍惜来之不易的幸福生活。由此我们可以联想到我国有一些地区的人们还过着比较贫困的生活，如果我们全国每人节约一分钱、一粒粮，就可以为国家节约 1000 余万元钱和几十吨粮食。这不正是一种爱国行为吗？

三、从时效出发

学生可以借助一些重大和日常的爱国活动来培养自己的爱国主义精神。如伴随着"七·一"这一历史性日子的来临，爱国主义热情在中华大地激沸，在海内外亿万华夏子孙心中涌流，学生就可以抓住这一契机，开展多种形式的以"忆百年史，激爱国情，立强国志"为重点内容的爱国主义系列活动。像"雪洗中华民族耻辱的壮举"主题报告会、"迎香港

回归"主题班会、"香港知识问答"等等，从中了解祖国悠久历史和灿烂文化，特别是近代以来中国人民为争取独立解放，实现民族振兴的奋斗史。从而进一步激发我们努力学习，为祖国的社会主义现代化建设贡献力量的使命感和责任感。再如结合日本文部省屡次篡改教科书、歪曲日本侵华史的卑劣行径，进一步了解到中华民族的苦难历史和深重灾难，加深对日本军国主义的憎恨，体会"落后就要挨打"的道理，激发振兴中华的责任感和学习的积极性。

怎样成为一个爱国者？

邓小平同志曾经指出：中国人民有自己的民族自尊心和自豪感，以热爱祖国贡献全部力量建设社会主义祖国为最大光荣，以损害社会主义祖国利益尊严和荣誉为最大耻辱。在新的历史条件下，继承和发扬爱国主义优良传统，弘扬民族精神和时代精神，做一个忠诚的爱国者，是对当代学生的基本要求。

一、应该努力培养热爱自己的祖国、并立志为祖国献身的基本素质

"爱国者"是一个抽象的概念，是人们对那些热爱祖国的并具有愿为祖国献身精神和行为的人的一种尊称。爱国主义在不同的时代，不同国度以及不同身份的人身上有着不同的体现。例如，我国南宋抗金名将岳飞为御外侮，精忠报国，杀身取义。再如，著名数学家华罗庚教授，当从报纸上看到新中国宣告成立的消息后，毅然放弃在美国的优厚工作条件和生活待遇，带领全家回到祖国的怀抱，为我国科学事业的发展做出了杰出的贡献。岳飞和华罗庚，他们虽是不同时代的人，但他们具有共同的品质——当祖国和人民需要自己的时候，毫不犹豫地挺身而出，视祖国的利益高于一切，为祖国奉献自己的一切甚至生命也无怨言。这是所有爱国者的共同特点，也是一个爱国者必须具备的基本素质。这一素质体现在青少年身上，主要表现为热爱集体，关心国家大事，忠于祖国和人民等等。

二、要增强民族自信心并树立崇高的民族气节

民族自信心是民族心理素质中的精粹，是国民热爱自己祖国，努力为之奋斗的精神支柱。我们的国家是具有 5000 年发展史的文明古国，我们的民族是世界公认的勤劳勇敢、聪明智慧的民族。我们的祖国曾一度沦为半封建半殖民地的社会，但中国人民在中国共产党的领导下，推翻站在自己头上的三座大山重新站起来了。社会主义不仅开创了中国历史的新纪元，而且为中国初步奠定了现代化建设的基础，给中国带来了新的光明和希望。我们要懂得我们的过去，更要看到我们的今天和将来，从而增强民族自信心和自豪感，不应该一味地认为别的国家什么都比我们好，自己国家什么都不如别人。我们还应该像众多的爱国名人那样，保持崇高的民族气节。我国古代著名的爱国者苏武，代表汉朝出使匈奴被扣十九年，渴饮雪饥吞毡，牧羊北海、心存汉稷，不辱使节，其崇高的民族气节流芳千古；近代著名学者朱自清一身重病，宁愿饿死也不吃美国的救济粮，其民族气节令人赞叹……我们要学习他们这种坚持正义，面对外辱自觉维护祖国和民族尊严的崇高气节。

三、要以建设祖国，保卫祖国，推进民族自强为己任，锻炼过硬的本领

我们今天的学习，是为了明天能更好地建设祖国和保卫祖国。祖国明天的繁荣和富强，离不开她的儿女们的共同努力。我们作为祖国跨世纪的建设者，身负重任，应当从现在起牢固树立报效祖国的坚定信念，

并努力锻炼过硬的本领。"万丈高楼平地起。"青少年时期精力旺盛，才思敏捷，接受能力和记忆功能，想象力、创造力等均处于最佳状态，正是人生旅途中汲取知识，增长才干的黄金时代。同学们应该好好珍惜，刻苦学习并自强不息，要把"热爱祖国"落实在行动上，从现在做起，从身边做起。要以坚韧不拔的毅力和顽强不息的精神，为将来更好地报效祖国而不断努力。

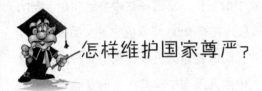

怎样维护国家尊严？

解决学生品德修养中经常遇到的问题

学生应当怎样维护国格，这不仅是一个十分严肃的道德修养问题，也是人生道路上必须回答的一个现实问题。

国格的基本内涵，就是国家的尊严，是一个国家的可尊敬的、独立而不可侵犯的地位，以及基于对这种地位而产生的尊严感。因此，要维护国格，首先就要明确树立"祖国的荣誉高于一切"的观点，在国际交往中做到不卑不亢，自尊自强。

其次，要在行为上维护国格，还必须在思想上培养爱国主义的情感。因为捍卫国家的尊严，是建立在高度的民族自豪感和民族自尊心的基础上的，当同学们参加庄严的国旗升旗仪式，耳边就会响起"中华人民共和国成立了，中国人民从此站立起来了"的巨人之声；当听到国歌在国际体坛上一遍又一遍地奏起，同学们的心田就会流淌着一股激情；当同学们从荧屏上看到中国的"长征"火箭呼啸着直冲蓝天，把一颗颗外国卫星送入太空轨道，同学们就会感到做一名中国人是多么自豪！为什么？这一切都是因为我们有一个独立、自主、繁荣、昌盛的祖国。一位伟人曾经说过一句名言："没有什么比独立和自由更可宝贵的了。"因此说，维护国格，是建立在爱国的基础上的，这个道理同学们都应该懂得。

第三，要维护国格，还必须从我做起，从现在做起。同学们要勤奋学习，掌握更多的科学知识，摒弃种种崇洋媚外的"媚气"，锤炼为国争光的骨气，将来为祖国的繁荣昌盛贡献自己的聪明才智。要知道国格与国力不可分割的，一个贫穷落后的国家，在国际社会中很难赢得别人的尊重，落后就要挨打，这样的历史教训难道我们还不清楚吗？20世纪60年代大庆人曾经说过："一个国家要有名气，一个队伍要有士气，一个人要有志气。"大庆人正是树立了为国争气的志向，把"贫油国"帽子抛向了太平洋，维护了中国的尊严。

最后，同学们还必须懂得，维护国格是中华人民共和国宪法规定的每个公民应尽的义务。我国宪法第58条明确指出："中华人民共和国公民有维护祖国的安全、荣誉和利益的义务，不得有危害祖国的安全、荣誉和利益的行为。"在当前改革开放的经济大潮中，我们每一个学生，都要具备为国争光的骨气，为国奋斗的志气，为国捐躯的浩然正气，做到以祖国之荣为荣，以祖国之耻为耻。正如邓小平同志所指出的："中国人民有自己的民族自尊心和自豪感，以热爱祖国，贡献全部力量建设社会主义祖国为最大的光荣，以损害社会主义祖国利益、尊严和荣誉为最大耻辱。"只有这样，中国才能自强于世界民族之林。

怎样维护国家形象？

从国外归来的许多留学生，大多有一个共同的感受：现在的中国人在异国他乡读书搞研究，被人尊重的程度大大超过他们的父辈，更不用说祖父辈了。其中的重要原因在于，中国的发展世界瞩目，中国的国际

地位持续提高，中国以一个负责任的大国形象赢得了世界的尊重。一般来说，在国外，一个国家的形象良好，其国民给人第一印象大抵就会不错，受到人们尊敬；国民给人印象不错，赢得他人尊重，其国家形象也会因此而提升。反之亦然。这表明，国家与个人紧密相关，个人形象影响着国家形象。

国家形象虽然比较抽象，但影响国家形象的因素却多是具体的，甚至是细微的。事实上，从国民个人的一言一行，到企业、机构等对外经贸往来的一举一动，乃至一件出口商品质量的优劣，都影响着人们对一个国家的形象的认知与评价。随着改革开放的逐步深入，来我国参观游览，投资经商的外国友人与日俱增。我国人民文明友好、崇尚礼节的优良传统给外国友人留下了很深的印象，如许多拾金不昧、拒收财物的好人好事，成为外国友人的佳话美谈。尽管如此，一些给国家形象抹黑的事情也时有发生，例如出现过一些围观外宾，索要财物、兑换外币等丧失人格、国格的事。当学生遇到这种情况应该怎么办呢?

一、要树立强烈的民族自尊心，不要抱着"事不关己，高高挂起"的淡漠态度，也不要见此情况绕道走，回避了事。要意识到少数人尾随外宾索要财物，损害了我国的对外形象，与社会主义精神文明格格不入，也丧失了索要者自身的人格。我们要站在"祖国的荣誉高于一切"，"祖国的形象不可损"的高度，主动上前劝阻、制止。

二、要注意方法，根据不同的场合采取适当的方法加以制止。如果在学校发现个别同学向来访的外宾索要财物，就要告诫同学，这是一种不文明、有辱人格的行为，而且也触犯了校规。如劝阻不听，可报告有关老师。在社会上发现有人向外宾索要财物，可上前向他（她）说一句"请你尊重自己"，告诫向外宾索要财物的利害关系，并及时劝阻他（她）离开。

三、对个别劝阻不听，纠缠外宾索要财物的人员，要及时向周围的民警同志或城管人员报告，以便有关部门采取适当的措施，制止这种恶劣行为。

有人说，确立一个国家的声望需要多年时间，失去声望却只需要几分钟。这个说法未必准确，但却从一个侧面说明了国家形象的成难毁易。所以，国家形象需要我们倍加珍惜，不因一己之失而伤大义。国家形象的塑造急不得，唯聚沙以成塔，集腋以成裘，国家形象方能有大的提升。国家形象也不是装出来的、遮出来的，只有内铸好品质，方能外树好形象。

国家形象是一个国家综合国力的具体体现，是民族文化与精神的一种外化，更是一个国家的"软实力"。在复杂的国际合作与竞争中，国家形象有着重要的战略意义。许多国家也正是从这样的高度来认知、打造和提升自己的国家形象的。国家形象不仅是政府的事，也是每一个公民的事。作为国家的公民，包括个人、企业以及其他机构等，对维护和提升自己的国家形象，都负有不可推卸的责任。我们应该用自己文明的言行举止为国家的形象增光添彩。

怎样看待国家利益和个人利益？

古人说，人应有有为之心，以修身齐家、治国平天下为己任。故少年之时，便应立下志向，然后穷其一生，用锲而不舍、坚定不移之心，以苦心孤诣、奋发图强之势，完成铺设人生道路之旅。但此过程之漫长，过程之艰辛，诱惑之众多，往往超出最初的想象，故一路走来，折志之人有之，屈服之人有之，易志之人有之，能最终达到最初理想彼岸的，少之又少。综合原因，除了最初低估了客观因素、高估了主观因素以外，对目标的设定也是一个重要的因素，这使得我们必须认真地思考一个问题：我们非得在压抑人性本身的同时，规划一个空中楼阁一样恢宏、不切实际的高尚人生吗？

一直以来我们的教育是凡事以国家、集体利益为重，正是本着这种精神，我国能从建国之初的百废俱兴、困难重重中迅速冲破帝国主义、敌对国家的恶意封锁，崛起于东方，实现民族自强，整个过程中，有多少同胞在国家的号召和道德的感召下心甘情愿地做出了许多贡献与牺牲，但为了国家的利益，他们义无反顾。

而现在国家经济已经有了长足发展，人们的物质生活质量已经大大得到了改观，而社会的道德感召力已经开始减弱，人们在追求个人利益的时候慢慢习惯了抛弃对于一直以来国家及政府关于贡献的价值观。于是人们激烈地批判社会道德败坏，但往往是人们一边在批判着别人的堕落，一边在努力地朝着自己批判的对象靠拢，客观地讲，追求更好的生活是人的天性，也正是这种美好的品质促进了人类社会的持续发展和进步，这种美好的品质是不能随便就给予否认的，否则，发展经济，崛起国家的目标就不能真正得到实现，国家会再次遭受磨难，所以承认人性追求个人利益的存在性就是国家及个人必须首先认可的观点。

其次，国强则民富，国弱则民贫，个人的利益是建立在国家的利益上的，故要实现个人的利益，必先保证国家的利益，但二者并非简单地建立在非得牺牲一方利益来保证另一方利益，而恰恰是建立在保证个人利益的同时能更好地促进国家利益的实现，否认这一点就会形成用虚无飘渺、无法实现的目标和理论来指导实际的工作，进而形成畸形的行为准则，变态的社会关系，滋长黑暗，孕育丑恶。因而要真正实现国家或一个团队的利益高效增长，必先承认并保证内部成员的个人利益，然后以完善的法律法规为保障，依法办事，削弱个人权利，避免用假大空的口号和道德号召滋长真正的腐败和黑暗。

因此，人生首先应修正自身，避免追求假大空的人生目标，承认人性本身的种种特性，尊重别人的利益，树立符合实际的人生目标规划，养成凡事从兼顾国家、集体及个人利益的角度思考问题，学会观察现有法律法规漏洞、思考弥补方法及严格依法办事的个人习惯和原则。用穷者独善其身、达者兼济天下的心态，明确个人自身地位及能量，做符合个人身份及能力的事情，力图在实现国家利益的同时，实现个人人生价值。

怎样对待损害国家利益的行为？

青少年要培养爱国情操，不仅需要有强烈的爱国之情，更要有自觉而持久的爱国之行。这种爱国之行的集中体现就是祖国利益高于一切。国家利益范围很广，类别上有政治、精神方面的；有文化、艺术方面的；有物质、资源方面的等等。程度上大到国家主权，小到公共财物。我们是社会主义国家，国家利益即是劳动人民的集体利益。损害国家利益就是损害了公众利益。不能允许任何损害国家利益的行为发生。每个人只有尊重、维护国家利益的权利义务，绝没有任意损害国家利益的自由。

怎样对待损害国家利益的行为呢？一方面，应当采取说服、劝阻的方法、制止损害国家利益的行为；另一方面，如果一旦发现这种行为，而自己又无能力解决时，要及时向有关部门举报、揭发，以便迅速、有效地制止行为的扩展。

具体说来，要注意以下几点：

一、看到有人损害国家利益，自己心理上要产生一种自觉的维护国家利益的责任感。我们每个人都是国家的公民，公民有权维护国家利益。要从思想上激发起对损害国家利益行为的羞耻和鄙视，从而勇敢、大胆地对损害人进行说服、劝阻，向这些人讲清国家利益是人民公众的利益，只能维护不能损害的道理，以理服人，让行为人及早停止损害行为。

二、在以理说服，劝告无效时，应再从法制角度，给损害人以警告，让其明白，损害国家利益，不仅有害于人民，而且违法，甚至是犯罪。不立即停止，将受到法律制裁。另外，从法律上讲，值得注意的是，即使损害人是至亲好友，都要一视同仁，不能包庇，帮助隐瞒，否则也是违法。

三、当损害国家利益的事程度严重时，而青少年的行为能力不能达到劝阻和制止时，要立即主动、及时地向有关部门报告，借助于专门机关的强有力手段，尽早及时禁止损害人的损害行为，并对严重触犯法律的人，绳之以法，保护国家利益不受损害或少受损害。

总之，作为一个青少年，千万不能产生损害国家利益与己无关的错误思想，或听而不闻，视而不见，听之任之。也不能因为损害行为情节轻，损害小，而麻痹放松，更不能产生"偶以恶小而为之"的念头。我们必须坚决、果断、勇敢地与损害国家利益的人和事作斗争。

怎样维护国家安全？

国家安全就是一个国家处于没有危险的客观状态，也就是国家既没有外部的威胁和侵害又没有内部的混乱和疾患的客观状态。国家的外部威胁和侵害主要是指处于一国之外的其他社会存在对本国造成威胁和侵害的因素。内部的混乱和疾患是指国内的混乱、动乱、骚乱、暴乱，以及其他各种形式的疾患。只有在同时没有内外两方面的危害的条件下，国家才安全。因此，只有这两个方面的统一，才是国家安全的特有属性。

有国家就有国家安全工作。古今中外，概莫例外。无论处于什么社会形态，或者实行怎样的社会制度，都会视国家利益为最高、最根本的利益，将维护国家安全列为首要任务。所以，每位学生都应当成为国家安全和国家利益的自觉维护者。

一、要始终树立国家利益高于一切的观念

邓小平同志指出："国家的主权、国家的安全要始终放在第一位"。一位已故的政治家也说过："没有永久不变的友谊，只有永久不变的利益"。国家安全涉及国家社会生活的方方面面，是国家、民族生存与发展的首要保障。科学技术是没有国界的，但知识分子不能没有自己的祖国。所以，把国家安全放在高于一切的地位，是国家利益的需要，又是个人安全的需要，也是世界各国的一致要求。

二、要努力熟悉有关国家安全的活动、法规

有人统计，涉及有关国家安全和保密工作的法律、法规、规章制度有 100 多种，我们都应该有所了解，弄清什么是合法，什么是违法，可以做什么，不能做什么。其中，特别应当熟悉以下一些法律、法规：宪法、国家安全法、保密法、刑法、刑事诉讼法、科学技术保密规定、出国留学人员守则等等，对遇到的法律界线不清的问题，要肯学、勤问、慎行。

三、要善于识别各种伪装

从理论上讲，有关国家安全的常识、规定都比较完善了，依规行事不会出什么大问题，但是，实际生活比我们想象的要复杂得多。比如，有的间谍情报人员采用五花八门的手段，套取国家秘密、科技政治情报和内部情况。如果放松警惕，就可能上当受骗，甚至违法犯罪。因此，在对外交往中，既要热情友好，又要内外有别、不卑不亢；既要珍惜个人友谊，又要牢记国家利益；既可争取各种帮助、资助，又不失国格、人格。识别伪装既难又易，关键就在淡泊名利。对发现的别有用心者，要依法及时举报，进行斗争，绝不准其恣意妄行。

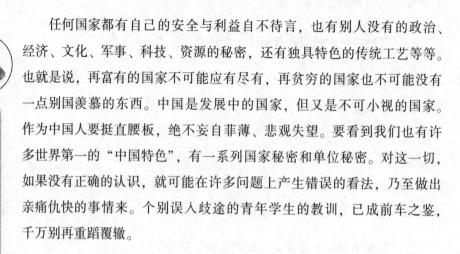

四、要克服妄自菲薄等不正确思想

任何国家都有自己的安全与利益自不待言，也有别人没有的政治、经济、文化、军事、科技、资源的秘密，还有独具特色的传统工艺等等。也就是说，再富有的国家不可能应有尽有，再贫穷的国家也不可能没有一点别国羡慕的东西。中国是发展中的国家，但又是不可小视的国家。作为中国人要挺直腰板，绝不妄自菲薄、悲观失望。要看到我们也有许多世界第一的"中国特色"，有一系列国家秘密和单位秘密。对这一切，如果没有正确的认识，就可能在许多问题上产生错误的看法，乃至做出亲痛仇快的事情来。个别误入歧途的青年学生的教训，已成前车之鉴，千万别再重蹈覆辙。

五、要积极配合国家安全机关的工作

国家安全机关是国家安全工作的主管机关，是与公安机关同等性质的司法机关，分工负责间谍案件的侦查、拘留、预审和执行逮捕。当国家安全机关需要大家配合工作的时候，在工作人员表明身份和来意之后，每个同学都应当按照《国家安全法》赋予的安全义务的要求，认真履行职责。尽力提供便利条件或其他协助，如实提供情况和证据，做到不推、不拒，更不以暴力、威胁方法阻碍国家安全工作人员执行公务，还要切实保守好已经知晓的国家安全工作的秘密。

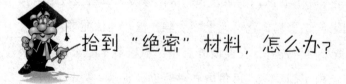

拾到"绝密"材料，怎么办？

国家秘密是指涉及国家的安全和利益，尚未公布或不准公布的政治、

经济、军事、外交、公安、司法、科技的秘密文件、秘密材料、秘密情报和情况。保守国家秘密，是巩固人民民主专政、防止国内外敌人进行破坏和颠覆活动的重要手段，也是保证改革开放和社会主义现代化建设顺利进行的必要措施。所有知悉或接触国家秘密的人员，都应当依照保密法规范自己的言行，严格履行保密义务。

国家秘密分为"绝密"、"机密"、"秘密"三级。各级国家机关、单位对所产生的国家秘密事项，都应当依照国家有关保密规定确定密级和保密时间。任何国家机关、单位的工作人员都要严格遵守有关的保密制度，不随便探知不应知晓的国家秘密；不在私人交往和通信中泄露国家秘密；不在公共场所谈论国家秘密；不非法携带、传递、邮寄有关国家秘密的文件、资料和其他物品等等。对于违反保密法规定，故意或者过失泄露国家秘密的，则要视其情节轻重，给予行政处分或者依法追究其刑事责任。对于为境外机构、组织、人员窃取、刺探、收买、非法提供国家秘密的，要依法追究其刑事责任。

《中华人民共和国保守国家秘密书》第二章第九条明确规定："绝密是最重要的国家秘密，一旦泄露会使国家的安全和经济利益遭受特别严重的损害。"国家安全和国家经济是直接关系到国家生死存亡的大问题，关系到每一个公民的切身利益能否得到保障。因此，保守国家秘密，自觉遵守保密规定，维护国家的安全和利益，是每个公民必须认真履行的义务。

倘若你在回家或去学校上学的路上拾到一份标有"绝密"字样的文件材料，你应该怎么处理呢？

在拾到"绝密"文件材料时，应注意保持文件材料的完整，绝不可散失。如果是未开封的，绝不要开启封口。要妥善保管，不得私自翻阅、传阅，更忌声张，更不得复制、摘抄。"绝密"文件材料只有经过批准的人员才能接触，因此，应迅速向当地公安机关或国家其它有关机关、单位报告，并上交材料，以防在你手中泄密、失密，给国家带来重大损失。

17

总之，每一个中学生都应自觉遵守国家的保密规定，在我国对外实行开放，对内搞活经济的形势下，应不为物质利益所诱，自觉同国内外敌特和不法分子作斗争，做一个遵纪守法的合格的"四有"新人。

怎样理性地表达爱国热情?

古往今来，人们可以用无数故事证明"爱国"是人类"最让人钦佩的道德"。令人感动的不是这种"道德"的结果，而是这样的"道德"往往蕴藏于普通人的心灵、勃发于国家民族的特殊时机。

面对国家利益受威胁、民族尊严受挑衅，任何一个中国人都不会无动于衷，想表达义愤之情，想做点什么，以使那些侮辱中国人、诋毁我们国家的人知道"中国人不可辱，中国不可欺"。这种初衷是朴素的、可贵的，而一个理智的人，还会充分考虑行为是否得当，导致的结果是否会背离初衷。

爱国不需要任何理由，但爱国行动却需要方式、方法和策略。在爱国热情高涨的氛围中，我们需要对爱国的方式做一些理性思考，思考如何更有力地表达爱国热情。面对一些涉及国家利益的大是大非问题，用一定形式来作出理性的表达是爱国热情的具体体现。

一、理性地表达爱国热情要有自强的精神

"天行健，君子以自强不息"。没有强大的国力，国家平等和尊严无从谈起。把自己的国家建设好，是爱国热情的最好表达方式。歌德说："我们为祖国服务，也不能采用同一种方式，每个人应该按照自己的禀资，各尽所能。"中华民族崛起是每个炎黄子孙的共同心愿。要让祖国变

得更强大，需要我们每个人的努力，需要我们从做好自己的事情开始！

二、理性地表达爱国热情要有自信的心态

经历了 30 年改革开放，中国已经不是往日意义上的那个中国。一个国家的强大不只是物质上的强大，还要求她的国民具备更自信的心态。作为世界公认的大国国民，我们应当走出积贫积弱历史的阴影，心态理当更加开放、包容、坚韧、成熟。某种意义上，中国人正经历一次考验，拥有更为理性、笃定的国民，对国家未来的发展以及外交会带来更广的空间和余地。

三、理性地表达爱国热情要有开阔的眼界

在一个全球化的时代，盲目地抵制外国货，不利于我们融入世界经济大格局。正如新华社报道援引一位重庆青年的话说："中国人可以抵制家乐福，法国人也可能抵制中国货，这对两国都没有好处。"西方少数别有用心的人，不代表西方国家广大人民。开放的中国必须坚定不移地走向世界，我们应当有这样的世界眼光。

作为爱国的公民，我们有激情爱国的权利；作为爱国的公民，我们又有理性爱国的责任。激情加理性才是表达爱国热情的正确态度。

怎样理解我国国徽图案的含义？

记得有一位为人民事业鞠躬尽瘁、奋斗一生的公安干警临终时，留下了这样感人肺腑、催人泪下的一句话：我们头上顶着一颗中华人民共和国的国徽，怎能不时刻牢记人民的利益，为人民赴汤蹈火呢！

　　1950 年 6 月 18 日，中国人民政治协商会议第一届全国委员会第二次会议，通过中华人民共和国国徽图案及对图案的说明。同年 9 月 20 日，毛泽东主席命令公布中华人民共和国国徽。中华人民共和国国徽是中华人民共和国的象征和标志，她象征着祖国与人民的利益高于一切，她是至高无上的，神圣不可侵犯的。每一位国徽佩戴者都深深地懂得她的含义。那么，国徽的含义具体是什么呢？

　　我国宪法规定："中华人民共和国国徽，中间是五星照耀下的天安门，周围是谷穗和齿轮。"

　　中华人民共和国国徽蕴含的内容是：中国的新民主主义革命是从五四运动开始的，到 1949 年取得胜利，建立了中华人民共和国，天安门是"五四"运动的发源地，又是中华人民共和国成立时举行开国大典的盛大场所，用天安门图案作新的民族精神的象征，用齿轮、谷穗象征工人阶级与农民阶级；用国旗上的五星，代表中国共产党领导下的中国人民大团结，表现新中国的性质是工人阶级领导的以工农联盟为基础的人民民主专政的社会主义国家。

　　天安门是座古老的建筑，距今已有 700 多年的历史。明清两代，天安门是封建王朝颁布诏书的地方，普通百姓非但不能进出，甚至连看一眼的权利也没有。革命青年和其他革命志士，为了中华民族的复兴，把天安门广场作为革命集会和示威的场所，先后在这里爆发了五四运动和一二·九运动。解放以后，这里又成为举行中华人民共和国开国大典和盛大集会的场所。北京的天安门，已经成为我们伟大祖国的象征。中华人民共和国国徽上的天安门图案，就是象征我们伟大祖国，象征我国人民的革命传统，象征我们民族的精神。

　　五颗五角星的相互关系象征中国共产党领导下的革命人民大团结和人民对党的衷心拥护。五角星的颜色为金黄色，与象征革命的红色相协调，在一片红霞中，五星金光闪闪，色简而庄严。

　　齿轮象征工人阶级，麦穗象征农民阶级，二者的紧密结合说明了中国是以工农联盟为基础的人民民主专政的国家。在战争与和平时期，工人阶级与农民阶级同心协力，为了祖国的独立与繁荣稳定发挥出各自的作用。

国徽在颜色上用正红色和金色互为衬托对比，体现出了中华民族特有的吉寿喜庆的民族色彩和传统，既庄严又富丽。

理解了国徽的含义，我们这一代跨世纪的建设者与接班人应该弘扬革命传统，振兴民族精神，为祖国进一步的腾飞奉献力量。

 ## 怎样参加升旗仪式？

五星红旗是《中华人民共和国宪法》规定的中华人民共和国国旗，在 1949 年 7 月由曾联松设计。其中红色象征革命，国旗上的五颗五角星及其相互关系象征共产党领导下的革命人民大团结。五角星用黄色是为了在红地上显出光明，四颗小五角星各有一尖正对着大星的中心点，这是表示围绕着一个中心而团结，在形式上也显得紧凑美观。

我们知道，国旗是国家的象征和标志，通过必要的仪式，强化人们对国旗、国徽等国家象征物的崇敬，是许多国家通用的一种教育手段。所以我国《国旗法》第一条指出：为了维护国旗的尊严，增强公民的国家观念、发扬爱国主义精神，根据宪法，制定本法。第六条规定：全日制学校，除寒假、暑假和星期日外，应当每日升挂国旗。第三条具体说明：升挂国旗时，可以举行升旗仪式。举行升旗仪式时，在国旗升旗的过程中，参加者应当面对国旗肃静，并可以奏国歌或唱国歌。

那么，我们应当怎样参加升旗仪式呢？

首先，应遵循一定的升旗程序，主要有下列步骤：

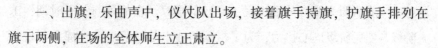

一、出旗：乐曲声中，仪仗队出场，接着旗手持旗，护旗手排列在旗干两侧，在场的全体师生立正肃立。

二、升旗：奏国歌，全体师生行注目礼，少先队员行队礼。应着国歌的节奏，五星红旗在蓝天下冉冉升起。

三、唱国歌。

四、国旗下讲话（由校长或其他教师、劳动模范、先进人物等作简短而有教育意义的讲话）。

其次，必须从思想上真正的投入，这是很重要的一点。《国旗法》第三条提出：每个公民和组织，都应当尊重和爱护国旗。所以我们在举行升旗仪式时始终应抱着崇敬、严肃的态度，发扬爱国主义精神，以饱满的政治热情，全神贯注地接受爱国旗、爱祖国的德育教育，看着国旗徐徐升起，和着国歌的高昂旋律，会激励我们居安思危，不忘祖国"百年魔怪舞蹁跹，长夜难眠赤县天"的过去，不忘无数先烈用鲜血染红的国旗风采，从而想到我们这一代人肩上的重任，为中华腾飞而努力掌握科学文化知识，将来参与世界先进行列的竞争。

举行升旗仪式时，学校应以班级为单位，有秩序地整队前往指定地点集合，静候升旗时刻的到来。通常情况都应如此，但"天有不测风云，人有旦夕祸福"，如若身体突然不适，动作稍有些迟缓，或遇有偶发事件必须紧急处理，延误整队时间，迟到了该怎么办？眼看操场上的队伍整齐，国歌声中，国旗冉冉升起，此时若避开不去或是急匆匆闯进去，都是对国旗的不礼貌与不恭敬，其方法应该是立即面对国旗方向原地肃立。

因为学校举行升旗仪式活动的目的是对全校师生员工进行维护国旗的尊严，增强公民的国家观念、发扬爱国主义精神的教育。所以准时参加集体升旗仪式是应该的也是必要的，如果遇到上述特殊情况也应该正确对待，不必张皇失措，无所适从。据国家教委关于施行《中华人民共和国国旗法关于严格中小学生升降国旗制度的通知》第一大项中的第

解决学生品德修养中经常遇到的问题

（三）项的第 5 条："每日升降旗时，凡经过现场的师生员工都应面对国旗，自觉肃立，待国旗升降完毕时，方可自由活动。"这一规定可供在参加升旗仪式时偶然迟到的同学作行动准则。

看到有人玷污了国旗，怎么办？

中华人民共和国国旗法第十条规定：在公众场合故意以焚烧、毁损、深划、玷污、践踏等方式侮辱中华人民共和国国旗的，依法追究刑事责任；情节较轻的，参照治安管理处罚条例的处罚规定，由公安机关处以十天以下拘留。《国旗法》第三条指出"中华人民共和国国旗是中华人民共和国的象征和标志。每个公民和组织，都应当尊重和爱护国旗。"所以维护国旗的尊严，就是维护祖国的尊严，这是一种具体的爱国主义行为。作为一位爱国者，理应义不容辞地捍卫国旗，如果看见有人故意玷污国旗必须与之展开坚决的斗争，甚至以自己的生命来保卫国旗。

我们的祖国是一个具有悠久文化传统的文明古国，我们的先辈曾为我们写过一曲曲惊天地、泣鬼神的爱国主义正气歌。屈原的《离骚》、岳飞的"精忠报国"、文天祥的"人生自古谁无死，留取丹心照汉青"、夏明翰的"砍头不要紧，只要主义真"等，他们的爱国主义浩然正气永远如群星闪耀，光照千秋。同学们都会记得抗日战争时期流传着一则王二小放牛娃的故事：一天，日本强盗闯进村来烧杀抢掠，昏头昏脑地迷失了方向，抓住了二小要他带路，二小怀着一腔爱国热情与对敌人的刻骨仇恨，把敌人带进了八路军的伏击圈，四下里啪啪地响起枪炮声，打得鬼子魂飞魄散，我们的小英雄为捍卫祖国的领士完整，将一腔热血洒在故乡的黄土地上，他的事迹随风颂扬，他的英名永垂不朽。

我们的国旗曾经历了血与火的洗礼，共和国的旗帜上有血染的风采。我们这一代要继承发扬革命前辈的爱国传统，热爱中华，保护国旗，发现有人故意玷污了国旗，要与之展开殊死的斗争。当然与坏人作斗争要讲究策略，敌我双方力量悬殊，寡不敌众时，可以设法报告公安部门处理。

另外，还必须分清有意与无意损害国旗的本质区别，若见人不小心弄损或弄脏了国旗则应及时作出补救措施。

怎样培养社会责任感？

责任感也称责任心，是人们对自己和他人、对家庭和集体、对国家和社会承担义务的一种复杂情感的体验。社会责任感是指一个人或一个团体对社会有所奉献的意识。培养中学生责任感是一项育人的系统工程，需要学校、家庭、社会各方面的教育共同努力。中学生应如何培养社会责任感呢？

一、从学习中培养"学海无涯苦作舟"的求知责任感

古人说："书山有路勤为径，学海无涯苦作舟。"意即学习贵在勤奋刻苦，没有止境地学习。人要想不断地进步，就得活到老学到老。在学习上不能有满足之心。从古至今，有成就的人，哪一个不是从勤于学习，不断钻研中受益的呢？学习需要全神贯注，抛开一切无聊的想法，让自己沉醉在学海中，主动去学习，才能真正学到知识。学习没有真正的强者与弱者，只有不懈地探索与追求。

在当前改革开放的新形势下，各行各业需要品学兼优的人才，作为跨世纪的新人，要想适应社会的要求，从现在起就必须树立为建设祖国而努力学习的动机，养成良好的学习习惯，出色完成每一项学习任务，这是责任感的具体表现。有了这种责任感，学生学习就会有动力，学习就会有目标。

二、在勤俭节约中培养艰苦奋斗的责任感

"历览前贤国与家，成由勤俭败由奢"。艰苦奋斗勤俭节约，也是我们中华民族的传统美德。作为与时俱进的中学生，我们大多数都是独生子女，我们从小就生活在安定舒适的环境里。但是，我们却应怀着以天下为己任的宏伟情怀，怀着对时代的责任感，传承勤俭节约的传统美德。从我做起，从点滴小事做起，把勤俭自觉落实到学习生活的每一个细节，共同为创造节约型社会而努力。比如，不开无人灯、无人电脑、无人电视，用完水后及时关掉水龙头等等，从自己做起，从一点一滴做起，从培养勤俭节约中培养艰苦奋斗的责任感，才能把自己造就成能担任重任的人。

三、从平时的言行举止和待人接物中培养讲礼貌、讲文明的责任感

在平时的谈话中，要注意场合，使用礼貌用语，态度友善，接受或递送物品时要起立并用双手。未经允许不进入他人的房间、不动用他人物品、不看他人信件和日记。不随意打断他人的讲话，不打扰他人学习工作和休息，妨碍他人要道歉。上、下课时要起立向老师致敬，下课时，请老师先行。尊重教职工，见面行礼或主动问好，回答师长问话要起立，给老师提意见态度要诚恳。更要学会去关心、爱护身边的人，甚至是一个素不相识的人，只要他需要关爱，就要尽自己最大的力量来帮助他。同学之间互相尊重、团结互助、理解宽容、真诚对待、正常交往、不以大欺小、不欺侮同学、不戏弄他人、举止文明、不骂人、不打架、不赌博，不涉及未成年人不宜的活动和场所。发生矛盾多做自我批评，要正

确看待自己和他人，找准自己的正确位置，严格要求自己。承担起自己的每一份责任，为生活画一道彩虹。只要人人都献出一点爱，世界将变成美好的乐园。

四、从力所能及的家务劳动中培养热爱劳动的责任感

家务劳动是可以给学生带来责任感的生活实践，能体会到劳动的艰辛。从而懂得体贴父母，更加热爱劳动，力争自己的事情自己做，家务事主动做，不会做的学着做，确保每天放学回家后15分钟的家务劳动时间。做饭、烧菜、洗衣服、打扫房间各尽其能。学生分享了劳动的成果，体验了劳动的快乐，内心的责任感便会越发增强。

五、独立完成某件事情，并为自己的行为负责，培养主人翁责任意识

责任常体现了他人对你的信任。只有敢于并有能力承担责任，才有可能获得更大的发展空间。因此，言而有信，自己答应了别人，就要全力以赴尽可能做好，即使有些事自己不愿意，也必须这样去做。对于自己独立行为的结果，应该敢做敢当，不要逃避责任，要勇于承担后果甚至惩罚。在学习生活中，主动捡起自己不小心掉下的纸屑；不小心伤害到别人，应感到内疚并勇敢承担责任；认真学习，按时完成学习任务，都是对自己行为负责的表现。做人必须要有责任感。我们不仅要对自己的一言一行负责，还要对关爱我们，为我们呕心沥血的爸爸妈妈和老师负责。作为社会的一员，我们还要学会对国家，对社会负责。那么，就让我们从身边的每一件小事做起，努力使自己成为一个有责任心的学生！

六、多参加一些社会公益活动或义务劳动，在实践中加深对劳动成果的认识，体会到奉献的乐趣，从而树立帮助他人，服务社会的责任感

中学生年龄小，力量单薄，但是可以为社会做许多力所能及的事情，比如，为贫困儿童献上一份爱心，宣传环保知识，法律知识，扶助老弱病残等。通过参加公益活动和义务劳动进一步了解社会，关心社会发展，关注国家大事，通过读书、看报、看电视、上网了解国内外大事，感受蓬勃发展的生活，增强自己的社会责任感。同时关心祖国的事业、中华民族的伟大复兴，关心身边的实际问题，并积极为解决这些问题献计献策，为社会的发展贡献自己的一份力量。

中学生要勇于承担责任，赢得别人的信任，增强自己的信心，能促进自己的成长和发展。在履行责任中增长才干，获得社会的承认和赞誉。人们只有各自承担自己的责任，才能建立良好的人际关系和稳定、和谐的社会秩序，促进社会的文明、进步和发展。

有人盗卖或破坏文物，怎么办？

首先，要明确什么是文物。根据我国文物保护法规定，在中华人民共和国境内，属国家所有并受国家保护的文物是：①具有历史、艺术、科学价值的古文化遗址、古墓葬、古建筑、石窟和石刻；②与重大历史事件、革命运动和著名人物有关的，具有重要纪念意义、教育意义和史料价值的建筑物、遗址、纪念物；③历史上各时代珍贵的艺术品，工艺美术品；④重要的革命文献资料以及具有历史、艺术、科学价值的手稿、古旧图书资料等；④反映历史上各时代、各民族社会制度、社会生产、社会生活的代表性实物。

文物保护法还规定，任何单位或者个人都不得私自发掘。出土的文物除根据需要交给科研部门研究的以外，由当地文化行政管理部门指定的单位保管，任何单位或个人不得侵占。该保护法18条规定，任何单位或个人发现文物，应立即报告当地文化行政管理部门。遇有重要发现，当地文化行政管理部门必须及时报请上级文化行政管理部门处理。一旦发现有人盗卖或破坏受国家保护的文物，应立即采取相应的措施，避免国家遭受损失。

一、及时报告

发现蛛丝马迹，就应立即报告给当地公安等政法机关或文物保护机关，同时并注意保密。

二、明察盗卖者行踪，藏物地点

及时跟踪盗卖者，发觉文物下落和藏物地点，与有关机关联系，迅速挽救被盗卖的文物。

三、尽所能地制止盗卖破坏文物的行为

要冷静分析具体情况，如果碰上对方是一般贪图小利者，应向其申明大义，使对方明白文物是受国家保护的，不要做损害国家利益的事，否则，后果将不堪设想；如果碰上对方是心毒手狠的罪犯，应打电话报告有关部门，切不可打草惊蛇，更不可盲目硬碰。

盗卖或破坏国家文物是可耻而严重的犯罪行为，保护文物是每一个公民应尽的责任，一旦遇到上述情况，我们应立场鲜明，不使国家蒙受损失。

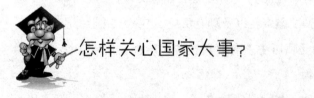

怎样关心国家大事？

调查统计表明，在2007年学生每天从新闻媒体了解国内外大事所用的时间在30分钟以上的，占总数的82.7%；在60分钟以上的，占总数

的 34.4%。

在调查与访谈过程中我们发现：①81.2%的学生在事隔 4 个多月后能准确地说出第 28 届奥运会我国的金牌数和金牌名次；②96.3%的学生对日本企图占领我国领土"钓鱼岛"表示强烈的不满；③首次提出"反国家分裂法"时，很多学生在第一时间表示强烈关注，74.3%的学生坚信"祖国统一大业"会最终完成的；④认为经过努力，我国将成为世界强国的，占总数的 76.3%；⑤81.2%的学生认为，作为一名团员很光荣，访谈中我们发现 62%的学生希望将来加入中国共产党。

由此可见，学生关心国家大事的积极性还是很高的。那么，青少年应该如何关心国家大事呢？

一、坚持党的四项基本原则，坚持社会主义的政治方向

当今世界存在着社会主义制度和资本主义制度。两种制度的共处和斗争是今后相当长历史时期内存在的客观事实。我们既要看到资本主义制度在反对封建专制和神权政治的斗争中曾经起过的历史进步作用，又要通过种种现象，认识它的矛盾、本质和阶级局限性。而我国的社会主义政治制度尽管还要进一步完善，但它在本质上代表着历史发展的方向，具有强大的生命力，是优越于资本主义政治制度的。因此，我们应更加热爱社会主义制度，坚定社会主义的政治方向，增强坚持四项基本原则的积极性。

二、积极投身社会主义现代化建设中去

当前，我们伟大的祖国正处于社会主义建设的新时期，建设富强、民主、文明的社会主义现代化国家是我国各族人民最大的任务。党和政府为我国社会和经济的发展规划了宏伟的蓝图并制定了"一个中心两个基本点"的正确路线，确保了我国沿着社会主义方向的发展。古人说："国家兴亡，匹夫有则。"我们要肩负起建设有中国特色的社会主义的历

品德修养之爱国篇

史重任，为此，要掌握观察社会政治现象的正确观点和方法，懂得管理国家和社会的基本常识，增强法制观念和政策观念。这样，就能够更好地参与我国社会主义现代化建设。

三、必须跟上时代发展，面向世界，面向未来

要了解国际社会，要放眼世界。认识当代国际社会中和平与发展两大主题；认识当代国际社会是一个互相依存又充满矛盾和斗争的社会，同时在许多领域内都要进行一定的合作，从而增加坚持对外开放的自觉性。

从另一个角度来讲，青少年关心国家大事，尽公民义务，其实就是参与国家的民主政治生活。

一、参与政治生活，我们首先要明确政治生活的作用

政治生活与文化生活、经济生活存在相辅相成的关系。政治生活的内容更多地涉及到社会公共管理和公共利益的问题。这直接关系到人民民主的实现程度，与每个人的利益密切相关。对政治生活漠不关心，损害的是全体人民的利益。因此我们应树立关心国家大事和社会事务的观念，自觉投身于政治生活之中。

二、参与政治生活，也需要我们学习政治知识

学习政治知识，有助于我们掌握马克思主义的基本观点，提高明辨是非的能力，坚持正确的政治方向；有助于我们放眼世界，紧扣时代脉搏，开阔面向现代化、面向世界、面向未来的眼界；有助于我们树立"国家的利益高于一切"的国家观念，关心国家大事，自觉地服从和维护国家利益；有助于我们增强公民意识，树立社会主义民主政治、自由平等、公平正义的观念；有助于我们提高自身的政治素质，提高参与国家政治生活的能力。

三、参与政治生活，更重在实践

对我们中学生来说，参与学校的时事政治学习，养成阅读、收听和收看新闻，关心社会和国家大事的习惯，参与共青团的活动，参与居住地的居民委员会、村民委员会的管理活动，参与拥军优属、拥政爱民的"双拥"活动，年满18岁的公民参与选举，这些都是参与政治生活的实际行动。

品德修养之爱国篇

品德修养之诚信篇

怎样理解诚信？

诚信是一个道德范畴，即待人处事真诚、老实、讲信誉，言必信、行必果，一言九鼎，一诺千金。在《说文解字》中的解释是："诚，信也"，"信，诚也"。可见，诚信的本义就是要诚实、诚恳、守信、有信，反对隐瞒欺诈、反对伪劣假冒、反对弄虚作假。

一、诚信是支撑社会道德的支点

诚信是我国传统道德文化的重要内容之一，"诚信者，天下之结也"就是说讲诚信，是天下行为准则的关键。在我国传统儒家伦理中，诚信是被视为治国平天下的条件和必须遵守的重要道德规范。古代圣贤哲人对诚信有诸多阐述。比如，孔子的"信则人任焉""自古皆有死，民无信不立""人而无信，不知其可也""民以诚而立"；孟子论诚信"至诚而不动者，未之有也；不诚，未有能动者也"；荀子认为"养心莫善于诚"；墨子曰"志不强者智不达，言不信者行不果"；老子把诚信作为人生行为的重要准则："轻诺必寡信，多易必多难"；庄子也极重诚信："真者，精诚之至也。不精不诚，不能动人"。庄子把"本真"看做是精诚之极至，不精不诚，就不能感动人，这就把诚信提高到一个新的境界；韩非子则认为"巧诈不如拙诚"。

总之，古代的圣贤哲人把诚信作为一项崇高的美德加以颂扬，生动显示了诚信在中国人心目中的价值和地位。从古到今，人们这么重视诚信原则，其原因就是诚实和信用都是人与人之间所要遵循的基本道德规范，没有诚信，也就不可能有道德。所以诚信是支撑社会道德的支点。

二、诚信是法律规范的道德

诚信原则逐步上升为一种法律原则始自"罗马法"，后来被法制史中重要的民法所继承和发展，比如，法国民法、德国民法、瑞士民法等，如《瑞士民法典》总则中的第二条规定："任何人都必须诚实地行使其权利并履行其义务。"

诚实信用也是我国现行法律一个重要的基本原则，在《民法通则》、《合同法》、《消费者权益保护法》中有明确的规定。由于其适用范围广，对其他法律原则具有指导和统领的作用，因此又被称为"帝王规则"，可见"诚实信用"并非一般的道德准则。在诚实信用成为法律规范的时候，违反它所承受的将是一种法律上的责任或者不利于自己的法律后果，这种法律后果可以是财产性的，也可以是人身性的；可以是民事的、行政的，甚至可以是刑罚。因此，诚实信用又是支撑社会的法律的支点，是法律规范的道德。

三、诚信是治国之计

诚信为政，可以取信于民，从而政通人和。倘若言而无信、掩人耳目、弄虚作假，社会就无从安定。古有"欺君之罪"，"欺君"不仅是冒犯尊严，而且会误导决策，祸国殃民。"欺民"亦不可，所以有"水可载

品德修养之诚信篇

舟亦可覆舟"之说。中国古代有商鞅立木树信的佳话，也有不讲诚信而自食恶果的烽火戏诸侯。中国古代思想家更是把"诚信"作为统治天下的主要手段之一。唐代魏征把诚信说成是"国之大纲"，可见"诚信"的重要性。

当前党和国家提出的"以德治国"，是诚信为政的体现，也是对我国优秀政治思想的继承和发扬。落实"以德治国"，贯彻《公民道德建设实施纲要》，在全社会倡导诚实守信的精神品质，是对优良传统的继承，也是时代的要求。

四、诚信是行业立身之本

诚信是为人之道，是立身处事之本，是人与人相互信任的基础。讲信誉、守信用是我们对自身的一种约束和要求，也是外人对我们的一种希望和要求。如果一个从业人员不能诚实守信，那么他所代表的社会团体或是经济实体就得不到人们的信任，无法与社会进行经济交往，或是对社会缺乏号召力和响应力。因此，诚实守信不仅是社会公德，也是任何一个从业人员必须遵守的职业道德。

诚实守信作为职业道德，对于一个行业来说，其基本作用是树立良好的信誉，树立起值得他人信赖的行业形象。它体现了社会承认一个行业在以往职业活动中的价值，从而影响到该行业在未来活动中的地位和作用。"人无信不立"，对一个行业来说，同样只有守信用、讲品德，才能从根本上做好行业品牌、树立良好的行业形象。

 怎样看待学生中的不诚信行为？

青少年要想成为对社会和国家有用的人，就必须从诚实守信做起，

"对人诚实，对事负责"，养成良好的诚信品德。

什么是诚实守信？诚实守信就是忠诚老实，信守诺言，是待人接物方面的一种重要的行为准则，千百年来一直被视为做人的美德。所谓诚实就是不讲假话。所谓守信，就是信守诺言，说话算数，讲信誉，重信用。诚实和守信两者意思是相通的，是互相联系的。诚实是守信的基础，守信是诚实的具体表现，不诚实很难做到守信，不守信也很难说是真正的诚实。

在日常生活中，诚实守信是很重要的。青少年学生的主要任务是学习，生活中的主要事情是与人交往。在部分中小学生里有不诚实、不守信用的现象。少数青少年不诚实行为主要表现在说谎和抄袭作业两个方面。就说谎这种不诚实行为来说，一是在父母面前说谎：谎报学习成绩，涂改成绩报告等；放学贪玩回家晚了编假话骗父母；犯了错误瞒着父母等。二是在老师面前说谎：代替父母签名、写留言、写假条，或找同学代写以欺骗老师。三是在同学面前说谎：吹嘘自己家庭如何有钱有势，吃喝穿戴如何高档。这些说谎行为，说明少数中学生还没有形成正确的价值观和良好的诚实守信品德。

一项调查显示，有36%的同学是为了免遭父母责备打骂而说谎。有17%的学生认为，在老师面前说谎，是为了江湖义气，认为不能出卖朋友，认为多个朋友多条路，多个冤家多堵墙，认为讲了真话同学会怨恨自己，报复自己，对自己不利；还有的认为，在老师面前说大话可以赢得老师的好感。在同学面前说谎，是虚荣心在作祟。

抄袭作业是更为严重的欺骗行为。抄袭作业实际上是偷取别人的劳动成果，是不诚实行为，对学习是十分不利的。而这类行为在中学生中较多，据对学生的问卷统计，约23.9%的学生有过这种行为。这类学生一般有以下两种情况：一是请别人代做作业，自己则坐享其成。这类行为大都出现在寒暑假作业及平时作业量大的情况下。有的学生甚至花钱请别人代做。二是抄袭作业，有全部照抄的，也有部分抄袭的。这类行

品德修养之诚信篇

为有多种情况：一是学习困难的学生确实无能力独立完成作业，又怕完不成作业被老师批评，恐惧心理和畏难情绪交织在一起，于是选择了又省力又能向老师交差的捷径。二是有些学生自信心不足，怕自己做得不对，而抄袭别人的作业。再有是为了得高分，为了赢得老师的好评而抄作业，这类学生主要是虚荣心作怪和贪图省力，他们想将作业做得好一点，但又不肯下苦功夫。

一个合格的中学生不应该贪图享受、蒙骗老师、欺骗父母，而应该发愤图强，成为诚实守信的学生。踏踏实实做事，老老实实为人，这是做人做事的基本准则。对中学生来说，踏实做事就是努力学习，形成科学的态度。"知之为知之，不知为不知，是知也。"抄袭作业，既蒙骗了老师和父母，又欺骗了自己，这是一种扭曲的荣辱观。老实为人就是要真实、真诚，说实话，讲诚信。

怎样获得别人的信任？

想得到别人的信任吗？这要看你怎么对待他们，并且要比他们所期待的还要大方，出手越快越好。最新的一项脑科学研究发现，人的想法其实就是一场"信任"的游戏。

这项研究是由美国贝勒大学医学院神经科的雷德·蒙泰戈博士主持的。参加实验的学生共有 48 对，互不认识，每一对都有一位"投资者"和一位"受托者"。实验以下列方式进行：在 20 美元以内，"投资者"可以给予"受托者"任何数量的金额，一到"受托者"手中，该金额即视为成长 3 倍。然后，"受托者"可以决定还给"投资者"金额的数量。他们不可以聊天、握手、签合约或做其他事情。

雷德博士在实验过程中观察学生大脑的活动情况，结果发现，当对方表现得比自己的期望还要大方时，脑部"尾状核"区就会出现惊喜的讯号，研究人员指出，这就是对"慷慨大方"的感应区。实验还发现，当"受托者"退还的金额比"投资者"预测的要多时，"投资者"就会在下一回合给予更多的金额，可见，大方是可以增加信任的。

古人云：人无信不立。在人际交往中，想要别人建立对自己的信任，我们不妨利用上面的科学发现，从下面几点进行尝试。

大方是建立人际信任之源。从生物进化角度讲，上述结果是有必然性的。因为在资源匮乏或相对匮乏的社会中，人类个体间存在着利益冲突，只有既竞争又合作，才能共享资源，达成"双赢"，这就需要人际信任。信任也就与"利"存在着天然的联系。心理学的研究表明，交往关系中的互惠行为能够促进双方的信任。

大方不局限于金钱、物质。大方体现在待人接物方面就是要不吝啬，除了基本的物质需要以外，人们也期望得到他人的认同、赞美、同情、宽容、尊重、理解等。因此，人际交往中，既不要当一毛不拔的铁公鸡，也不要在满足他人心理需求方面当小气鬼。慷慨赞美他人的言行、宽以待人、不斤斤计较等，都是对他人大方的表现。

认准表现"大方"的时机。在交往之初，相互之间不熟悉，也就很难谈得上信任，对对方的大方行为预期也就比较低。如果你在对方存在某种急需的时候帮助了他，就会让他感到很意外，其脑部"慷慨大方"感应区就会高度兴奋，有助于建立对你的信任。

尝试着"表现大方"。"受人滴水之恩，当以涌泉相报"的观念，"投之以桃，报之以李"的做人准则，已经深植于国人的心里。心理学的研究表明，交往关系中的互惠行为能够促进双方的信任。如果你在别人眼中是个小气鬼，你不妨尝试着表现大方些；如果不能表现得大方些，也可以尝试装着大方些，这能促进你进入大方、互惠的人际互动循环中。

当然，除此之外，去掉虚假、虚伪、欺骗乃至包装的行为，开诚布公、心胸坦诚荡地与对方沟通，坚定不移的忠诚，清廉、正直的品格，言必行、行必果的行动，也都是取得别人信任不可或缺的条件。

犯了错误或成绩不好怎样告诉父母？

人人都难免犯错误。问题是，犯了错误以后敢不敢承认错误？能不能知错必改？毛主席曾经说过："认识到错误，就等于对了一半了。"人非圣贤，孰能无过？只要你知错就改，就是父母的好孩子。父母是我们的养育者、教育者和监护人，因此，当犯了错误以后我们面临的第一个问题，就是怎样向父母"交代"？

一、应该诚恳地向父母检讨自己，并同父母一起分析犯错的原因，并表示改正错误的勇气和决心，这样最容易得到父母的谅解和帮助。这是一种直截了当的方式。应选择父母情绪比较好、时间比较充裕的时候说，还应及时说。

二、如果自尊心比较强，自己很想向父母当面承认错误，却不好意思，不妨采用书面形式。

1. 日记本。人人都有一点小秘密，这些秘密不易向他人坦露，却能把日记本当做知心朋友，在此中一吐为快，宣泄一番。犯了错误以后，对自己的检讨和反省，对别人的歉疚，以及今后弥补错误后果的措施，都可以在日记中细细写来，如果这些内容让父母看到了，当然是一种很好的"交代"。通过日记本与父母沟通，透露日记内容的方式可在有意无意之间，得知父母看过了日记，不必明说或追问，达到双方的心领神会就是很好的效果。

2. 留言条。通过留言条承认错误，应该写得简短而诚恳，让父母一看就明白。如果父母看过后，希望当面交谈，进一步了解情况，则不应拒绝。

三、有些家庭的家教、家规很严，而父母的脾气又比较急躁，一些同学犯了错误，害怕向父母汇报后，父母一时怒气难忍，会遭打骂。这时，不妨请亲朋好友、老师、同学或邻居出面，陪自己向父母诉说所犯的错误。父母当着外人的面，都是比较克制和冷静的。

除了犯错误难开口之外，就是成绩不好难以启齿了。所谓"成绩不好"，一般是指平时考试成绩。假如平时某一次考得不好，怎样告诉父、母亲呢？总的原则是：方法要巧，但不能欺骗。

一、营造气氛

回到家后，先不急着报告成绩，用讲故事、说笑话或者报告自己其他方面的成绩、受到的表彰，营造一种欢快轻松的气氛，然后再婉转地说出事实。这样，父母不但不会责怪，还觉得你很机灵，对你充满信心。

二、请教父母

这是最积极的方法。把自己做错了的题，写给父母亲看，请他们帮助解决。即使已经明白错处了，也可以这样做。如果父母亲不会，可把同学请来讨论，在讨论中说出自己没考好的地方。这样，用主动学习的态度和行动婉转地透露出事实，父母亲也会原谅你。

三、请老师帮助

如果父母亲是简单粗暴的恨铁不成钢的态度，开口骂，抬手打，那就把实情告诉老师，请老师家访，进行解说。老师是不会直接简单地处理问题的，父母亲也总是会相信老师的话。这样，就可以避开父母亲的"雷霆大怒"。

需要说明的是，以上哪一种方法都不能常用，最好的方法是将优异的成绩告诉家长。

品德修养之诚信篇

犯了错误很想承认又怕挨骂，怎么办？

犯错误的人往往因为怕受责罚而做出一些很极端的行为，那么一旦自己不慎犯错误后，很想承认，但又怕因此而遭到非议和责骂怎么办呢？

一、要勇于承认错误，同时做好接受批评的思想准备

犯了错误不及时承认，会给自己带来很重的心理负担，影响自己的情绪和学习。犯了错误，想不让别人知道是不可能的，与其让别人发现你的错误，加重你的心理负担，不如主动及时承认，尽早放下思想包袱。承认错误最好选择在老师家长尚未发现之前，承认错误时态度要诚恳，不可以为了应付而含糊其辞，态度不明朗，这样反而得不到别人的谅解。要相信家长老师及同学的宽容，同时诚恳地接受批评，认识到自己的错误带来的后果及可能给他人带来的伤害，这样就不会感觉别人对自己责怪得过分了。

二、要重视分析产生错误的原因，注意吸取教训

仅仅承认错误还不够，还要知道自己错在哪里和为什么会错，不要轻易原谅自己的错误，要吸取教训，提高认识，努力避免下次再犯同样类型的错误。当自己实在不明白为什么会错的时候，可以请教老师和家长，也可以请自己的好朋友帮自己进行分析，并请他们督促和提醒自己不再犯类似的错误。"吃一堑，长一智"，犯了错误后要使自己变得聪明起来。

三、要勇于改正错误，设法从其它事情上加以弥补

要有从哪里摔倒就从哪里爬起来继续前进的勇气，不能"因噎废食"，"一朝被蛇咬，十年怕井绳"，从此一蹶不振。如果没有挽回错误的机遇，要从其他方面寻找机会加以弥补，如多做一些对集体和他人有益的事，关心体贴老师、父母等等。

青少年时期犯错误是不可能避免的，任何一个青少年不可能不犯错误，而是在犯错误中成长起来的。更进一步说，做错事，犯错误，是一个人成长过程中的一部分，一辈子不做错事，不犯错误的人是没有的，难能可贵的是敢于正视它。

承认错误不被他人理解，怎么办？

青少年学生各方面尚未成熟，思维简单，组织、纪律性不强，加上遇事辨别是非的能力、自控的能力不足，处理问题感情用事，极易冲动，在日常学习、生活、处事时难免会犯错误。做了错事，承认后不被其他人理解，可以这样去做：

一、自己要有正确认识

一个人犯错误不怕，怕的是犯了错误，不认错。不认错就谈不上改错。人贵有自知之明，承认错误是正确的行为，有了这样的认识，自己认错就可心安理得。与同学一道犯错误，应当知道这是不可能永远不被察觉的，俗话说："若要人不知，除非己莫为。"在认错问题上，要积极主动。

二、要对犯错误有更深的理解，明白量变到质变的哲理

俗话说："小洞不补，大洞吃苦。"主动认错，就是小洞及时补。错误不改或坚持犯错，积少成多，积小成大，必至大错发生，还可能走向严重的违法犯罪道路。在生活实际中，有些犯罪分子就是从小对小错不认，可能一次、二次瞒过去了，自己认为没关系，不引以为戒，从而一发不可收。所以"承认自己的错误，仍然是好同志。"从事物发展变化的角度讲，认错比不认错好，早认错比迟认错好。

三、共同商谈，一起认错

如果对以上两点心理上有了正确认识，那么与同学一道犯错，就应该想到即知错就应认错，如果担心以后不被人理解，产生误会，不妨在自己准备承认前与其他人共同商谈，说服动员其他同学一起认错，这也是一个好方法。

四、自己承认错误，争取同学原谅

当说服无效，自己先承认错误后，可以在承认后立即向一道犯错的同学们解释自己的动机和目的，主动坦然相待，声明不是为了表现自己而坑害同学，而是正确的、正当的行为。力争化解仇怨，再争取他们一同向老师认错，取得老师和其它同学的谅解。

五、被同学记恨，请人协助疏导

在承认错误后，造成了其他同学不理你，这就是记恨于你了。你可以请求帮助，请老师或其他同学协助对另外犯错误的同学做疏导、劝说工作，共同帮助他们认错、改错。如果自己的态度是非常诚恳的，相信即使同学会有一段时间不理你，当他们认错后，会改变态度的，要相信自己，也要相信别人的觉悟。

因此，与同学一道犯错误，自己向老师承认了，这是正确的，不被其他同学理解，只是暂时的，因为错误就是错误，站不住脚，正确总要战胜错误。相信自己吧，在真理面前不要瞻前顾后，犹豫不决。

说了实话反倒招人怨恨，怎么办？

多少年来，学校老师都教育学生要做老实人，要说老实话。可是现实中，有的同学却因说了实话，招人怨恨，被孤立，这是什么原因？是不是时代变了，做人的准则也变了？

其实，做老实人，说老实话，是做人最起码的准则，说实话体现"人心向善"的本能，是人际交往的前提，也是心与心相互理解和接纳的支点。交往中的一句真话、一丝真诚的微笑给人以信任，彼此间诚实相处，你会感到放心、自在。这是人的一种共生的欲求。心理学研究证明，满怀期望地信任对方，其成功的概率将要高得多。在技术进步与人际交往日益广泛的现代社会中，在竞争、自立、个人奋斗的观念不断涌现的时代里，诚实待人的言语行为将愈发显得珍贵和重要。

为什么说了实话，反而招人怨恨？

首先，从社交艺术角度看，应该研究一点社交对象的兴趣、爱好、以及人的心理特征，也应注意适当地"投其所好"。比如：你与之交往的对方是秉性耿直的，那么，在社交过程中措词上以爽直为好，如果吞吐其辞，给对方造成的"印象"反而不美。而如果对方是温文尔雅的，那么，你与之交往时行动上就不宜过于直接，言辞也不宜过分爽直，不然会无意中伤了对方的感情，即使出于好心，也可能造成不良"印象"。总之，社交过程中，既要有好的主观愿望，又要力求好的客观效果，搞一厢情愿，结果往往会适得其反。

其次，要注意尊重他人。心理学研究表明，人们都希望得到他人的重视与尊敬。人都有自尊心，这是人类拥有的最可贵的东西。保护了对方的自尊，你就赢得了友谊。

第三，要注意说话的分寸和技巧。语言是人类交往的媒介，也是心灵的外衣，如果你的语言高雅精当，或温良谦和，会给人带来信任与感激，甚至有"听君一席话，胜读十年书"之感。说实话更要注意人、地、时、情不同，应把握说话分寸，不然就会招人反感和厌恶。

总之，许多事情是可以以真诚、坦率的态度对别人直言的，只要你是善意的，表达方式也合适，别人总会接受的。

朋友让我帮他隐瞒错误，怎么办？

隐瞒他人的错误，是学生在相互交往中常见的现象。有的同学在好朋友犯了错误后，不是及时帮助他改正错误，而是替他隐瞒，认为这样才是够朋友，才对得起同学；有的怕说出来伤了同学间的和气或招来麻烦，不敢说；当然也有些同学看到别人犯了错误敢于揭发，但由于方法简单或缺乏帮助别人改正错误的诚意而影响了同学间的团结。遇到这种情况，你一定感到很棘手，向老师反映真实情况怕"出卖"朋友，不向老师如实说，又会背上不诚实、是非不明的"罪名"。其实要解决这个问题并不难。

你应该从关心、爱护朋友的角度出发，不姑息、不迁就、不包庇你的朋友。要明是非，守原则。一方面直言指出他的问题和错误，诚恳地、热情地去帮助他认识错误，帮助他分析利害关系；另一方面主动地把情况如实地向老师反映，以征得老师的帮助、教育，这样有利于及时帮助你的朋友认识错误并改正错误。尽管这样做有时会被朋友误解，认为你不够朋友，会使你的心里十分难受。但这与"出卖"朋友完全是两回事，相反，这是与人为善、忠诚友谊的一种实实在在的行动。只要你真心诚意地帮助他，他最终总会幡然醒悟的，一定会理解你的。

假若你对朋友犯的错误，置若罔闻，帮他作伪证，你同样也犯了错误。这样做表面上看的确够朋友，而实际上你算不上真正的朋友，这也不是爱朋友，而是害朋友。并且还错过了老师提供帮助这一好机会。再说，人的思想会发生变化的。犯了错误的人一旦提高了认识，承认了错误，而你还在替他隐瞒，那你不是很被动吗？甚至由于掩盖了这一次错误，你的朋友还会犯更大的错误，到时你定会感到很内疚，觉得自己有愧于朋友这个称号的。

真正的朋友应当以诚相见，他有成绩应该为他高兴，他有错误，应当敢于提出批评，向老师如实地反映情况，不替朋友作伪证，这本身就是真诚地对待朋友的表现。当他认识到错误，并改正错误继续前进时，他一定会为有你这样一位真正的朋友而感到骄傲的。

平时爱说谎，怎么办？

说谎是一种用语言虚构、捏造事实来掩盖自己的意图，或用不正确的方式隐瞒部分或全部事实的欺骗行为。说谎是当今中小学生中的普遍现象，甚至有些学生说谎水平之高常常出人意料。有人做过这样一个调查，问题是"你说过谎吗?"结果所有人（包括中学生和小学高年级的学生）都坦率地承认自己说过谎，并能坦然列出自己的几个谎言；而小学

中年级的学生则是先会问为什么，在觉得说出后对自己没有危害才承认自己说过谎，并很不情愿地说出说谎的理由；小学低年级的学生却大多数先说自己没说过谎，在老师追问或诱导下才承认自己说过谎。从主观上来说，主要原因如下：

解决学生品德修养中经常遇到的问题

一、逃避心理

为推卸责任、逃避批评惩罚而说谎。一般来说，小学生已经具有一定的判别是非的能力，他们对自己因难于自控而犯下的过错是有所知觉的。但又害怕受到批评、指责或者惩罚，他们就会想办法来掩盖真相，推卸责任。

二、维护自尊

此事在年龄较小的儿童身上常见。孩子缺乏判断力，认识事物的能力有限，有时不善于将想象与现实分清，由此而造成说假话的现象是很常见的。比如小吴看见同桌小林的漂亮妈妈来学校接他很自豪，便对其他同学说："我妈妈比她更漂亮！"其实小吴的妈妈并不是很漂亮，只是不想让小林太得意。

三、虚荣心理

年龄稍大点的学生期望得到他人尊重，取悦他人，自己的能力又达不到目标，于是就以撒谎来炫耀，满足虚荣心。如说谎提高成绩，或吹嘘自己，让人刮目相看。

四、懒惰心理

一些学生学习懒散，喜欢用简单、不费力的方式去达到目的。说谎就是最轻松、方便的手段。如骗老师说自己早已完成作业。

学生说谎，是一种不敢正视某种事实的表现。在种种利害关系面前，他们采取逃避不利、趋向有利的选择，实际上是错误的。长期不诚实而且撒谎的性质涉及到了道德、品行方面的问题，就是一种品行障碍。所以作为学生应注意自行纠正：

一、坦白说谎动机，正视反省自己

说谎都有一定的心理原因，反省自己的动机，并向老师或他人坦白，就一定会得到他们的尊重、关爱、宽容、真诚接纳，从而感受到安全、温馨、被信任，也不会挨批受罚。唯有这样正视自己，反思自省，乐于改正，才能获得快乐。

二、引导自我教育，自化心理压力

这是改正说谎行为的有效方法。学生容易在有压力的环境下说谎，那么同样可以通过自我心理调节，设法减少外界环境的压力，这实质是减少了自己说谎的机会。通过自我教育，懂得讲假话将贻害无穷，懂得真诚是一种心灵的开放，生活是欺骗不了的，重要的是讲真话。巴金曾说过："说真话不应当是艰难的事情……自己想什么就说什么；自己怎么想就怎么说——这就是真话。"只要懂得诚实，遵守纪律，又有一定程度的自由，是能够改正说谎行为的。

三、自我暗示鼓励，形成改正内驱力

所谓暗示就是不加批判地接受一种意见或信念，从而导致自己的判断、态度及行为方式改变的心理过程。积极的自我暗示能产生巨大的内驱力，使人自信、自强不息。一般的做法是：把自己的优点、长处、决心写在纸上，激励自己去完成目标或改正行为。如"撒谎害人害己要彻底改"、"我一定能改掉撒谎的坏习惯"等，不断鼓励自己坚持良好行为。坚持自我暗示，就能逐步改掉坏习惯。

品德修养之诚信篇

四、消灭在"第一次"，及时根治说谎

说谎往往是日积月累而成的，而且这种不良行为一旦形成，纠正起来就比较困难。第一次说谎，内心矛盾重重，想承认错误，又怕失去信任。因此，抓住第一次说谎时机，进行彻底自我反省，就显得尤为重要。因是初犯，通过自我反省，自我责备，自我保证不再说谎，重新做一个真诚的人，这样就容易收到成效。

五、实施行为疗法，自我观察管理

对说谎时间长，难于自控的学生，还要开展行为疗法。即与他人协商，以签订合约的方式，直接帮助自己自我观察、自我管理，消除、纠正不良行为，建立良好行为。出现良好行为时，帮助的人及时给予奖励和肯定评价，使之保持、巩固、发展；未能完成目标，则按约定给予惩罚，以示警醒。可设"每天目标行为自评表"，自己如实填写，教师、家长或小伙伴负责督促。持之以恒，定能改变。

父母要我撒谎，怎么办？

父母在一般情况下，是不会教自己孩子撒谎的。但有时父母主动要求孩子撒谎，这使我们一些同学很苦恼。那么父母要你撒谎，你该怎么办呢？

其实，类似孩子打碎了花瓶不承认或者明明是他人打碎花瓶自己却去承认的撒谎行为几乎在每一个人成长的经历中都发生过。从社会心理学的角度讲，发生这一撒谎现象的动机是多种多样的。有的是怕承担责

任和后果，有的是故意这么干来表达内心的种种不满，甚至想嫁祸于人；有的是不可抗拒的客观原因造成的，自己感到委屈；有的是为了表现自己；有的是为了戏弄别人；有的是为了报答别人；有的是为了安慰别人等等。因此，对撒谎这一现象不能给予单纯的肯定或否定，关键在于动机是否正确。

由此可见，如果父母要我撒谎，我应该冷静地对父母要我撒谎的动机进行分析。一般来说，父母要孩子撒谎的动机有下列几种类型。

一、袒护型

当子女上学迟到，未做作业甚至逃学，父母不是去教育孩子，而是教孩子编造种种理由。

二、维护隐私型

每一个家庭都有一些秘密，这些都属于家庭隐私。父母怕孩子在外乱说，因此常常教孩子在外人问及此类事时应如何回答的方法。

三、交往需要型

在与他人交往时，为了避免引起他人的不愉快，在涉及他人隐私、病情或其它敏感问题时，父母往往教孩子说一些好听的话，而这些话往往是和事实不太相符的。

四、隐瞒型

父母有违反社会公德甚至国家法律的行为，在被发现后，编造谎言教子女应付，企图逃避罪责。

父母教孩子说谎的动机如是维护隐私型与交往需要型，孩子则应积极配合父母要把此类"谎话"说得天衣无缝。因为此类谎言属于美丽善良的谎言，无害于社会、无害于他人，其中有些谎言还可以起到安慰他人、抚平他人精神创伤的作用。

父母教孩子说谎的动机如是袒护型，子女则不能应从。古语说："人无信不立。"意思是说人如果不讲信誉就不能在社会上立足，同学们都知道"狼来了"的故事。故事中的牧羊孩子由于说谎，结果害了自己。所以如果自己犯了错误，而父母要我们说谎时，我们一方面要告诉父母不能这样做，另一方面要主动承认自己的错误和不足之处，千万不能养成文过饰非的习惯，成为说话常无信用、行为常不端正的人。

父母教孩子说谎的动机如果是隐瞒型，子女应坚决向父母不正确的行为作斗争。不但不能听从父母的话，而且要批评父母的不道德行为，如父母的行为已触犯法律还应该向政府机关揭发，这样做的目的也是为了防止父母向罪恶的深渊走得更远。

妈妈让我逃票，怎么办？

很显然，逃票是不对的，是一种欺骗行为；可是叫你逃票的恰恰又是你的妈妈，你当时肯定非常尴尬。如果顺从了妈妈，你会感到很不光彩；如果反对妈妈，又会让妈妈难堪。可真是左右为难！

你可以这样试一试：

首先，你应该耐心地做妈妈的思想工作。这里要注意两点：第一，你不能一本正经地批评妈妈，这样会适得其反，反而把事情弄僵。你应该谈自己对逃票的认识，使妈妈间接地接受你的意见。第二，你可以附在妈妈的耳边，轻轻地说，千万别让旁边的人听到，否则，妈妈会感到很丢脸。一般来说，妈妈看到自己的孩子这么懂道理，自己也会有省悟，会高兴地接受你的意见的。

经过你的耐心工作，如果妈妈还是坚持她的错误做法，那你可以再想个小策略，比如，装着要买零食吃，向妈妈要点零钱。然后悄悄地用这零钱买车票。当然，现在的孩子们，零花钱自然少不了，此时就可以用自己的零用钱买票。下车后或者回家之后再跟妈妈讲道理。一般来说，妈妈都疼爱自己的孩子，并且木已成舟，你的话也确实有道理，妈妈也不会过分坚持的。即使当时下不了台，下次恐怕也再不会让你去干逃票的事了。那么，此时你的劝说事实上已有了效果。

在这个过程中，你一定要记住：千万不可以用生硬的态度对待妈妈，千万不能让妈妈在公共场合丢脸，否则会把事情弄得很僵。如果你自始至终做到了这一点，那么你会收到意想不到的良好效果。

我们学生要从小培养正直做人的品德，就要从买票这样的小事做起。

知心朋友撒谎，怎么办？

知心朋友本应以诚相待，但总有这样那样的原因让坦诚变得难堪。有一天，我们突然发现知心同学对自己撒谎，对此该如何处理呢？

首先，要弄清楚他撒谎的原因。如果他是考虑到维护我们的自尊心，或担心我们的心理承受能力而隐瞒了坏消息，那么这是善意的"谎言"；如果他自己有难言之隐，不便公开，而制造假象或者假说，那么这是一种无奈的撒谎；如果明知道不对，却执意造假，或别有用心地刻意歪曲、隐瞒事实真相，那就是恶意的撒谎了。

善意的谎言是出于善良的动机，以维护他人利益为目的和出发点。众所周知，矛盾有普遍性和特殊性之分，就其善意的谎言本身的性质决定它并非恶意，而是建立在内心之诚、之善的基础上，而恶意的谎言是

为说谎者谋取利益，以强烈的利欲，薄弱的理性，对他人施手段，不惜伤害他人的行为。本身善良的人在某种状态下"被逼"说出的谎言是善意的，这种谎言对主体来说是一种友善，一种关心。而心术不正的人，不管如何伪装，如何花言巧语，如何绞尽脑汁为自己恶意的谎言冠上善意的高帽，其所说的谎言都带有恶意目的性。

对于善意的撒谎，朋友的出发点是为我们着想，我们应领受他的良苦用心，向他致谢，同时说明希望今后能实话实说。因为是知心朋友，彼此就应该坦诚、互相信任。如果他有难言之隐，一时不便向我们诉说，我们也要体谅他，主动关心帮助他，看他有何为难之处，自己能否助他一臂之力。

那么，如何对待那些恶意的谎言呢？我们不妨采取以下做法：

一、暂且忘掉这件事情，用真诚的友谊感化他

他撒了谎，知道自己错了，很怕好朋友会因此讨厌他，甚至不理他。这时候我们对他们的一言一行可能都会刺激到他，可能让他自己陷入无法摆脱的自我谴责之中，作为自己的知心朋友我们又怎么忍心这样。因此，我们可以一如既往地与他做知心朋友，甚至比以前更加关心帮助他，用真诚的友谊去感化他，使他能从错误中摆脱出来。

二、表明态度

暂且忘掉他撒谎，并非是迁就或对他的错误置之不理，而是在力求恢复友谊的前提下，含蓄地表明自己的想法。我们可以用卡片、书信，态度诚恳地表明自己希望他改正的意图，而且愿意不计前嫌。在这种情况下，相信他是会有悔改之心的。

三、宽容大度，再续友谊

人无完人，孰能无过？有过必改就好。朋友之间相处应该互相帮助，

解决学生品德修养中经常遇到的问题

取长补短。因而我们要有容他人之过的雅量，多鼓励他进步，忘掉不愉快的事，继续彼此的友情。如果经过我们的努力帮助，他仍是不改，那么我们可以告诉老师，寻求老师的支持和帮助。

四、剖析事实，重新认识

毕竟好朋友也是会变的，在一定的条件下，或许你认识的好朋友已经不是最初那个熟悉的模样。在确定朋友不是开玩笑的情况下，确定朋友已经十分严重地伤害了自己的情况下，重新对朋友的为人进行认识，最后决定是否再维持朋友的关系。

总之，当朋友对你说谎话之后，一定搞清楚朋友说谎话的原因，切不可因为一时冲动跟朋友反目成仇。这样既不利于问题的解决，也会严重破坏知心朋友之间的深厚友谊。

 # 朋友借了钱迟迟不还，怎么办？

"欠债还钱"这条天经地义的道理相信人人都懂，但有的人就是不能遵循这个道理，借钱不还，还理直气壮。大多数人在借钱之后不仅非常感谢伸出援手的朋友，而且会在最短的时间内把钱还给朋友。然而，实际生活中，也有人借钱不还，还由于种种原因而对其无可奈何。特别是很要好的朋友，借钱时很痛快地借出去了，但迟迟却不见朋友还钱。催吧，伤感情；不催吧，什么时候才能拿回钱啊？其实，遇到这种情况，我们应当具体问题具体分析，区别对待。

一、钱数不多，不必计较

如果你认为钱的数量不多，对你的学习、生活不会有什么影响，那就不必斤斤计较了，以免使双方都为此而难堪。朋友之间本就应该相互照应，朋友可能正急着用钱，现在无力偿还，相信以后一定能够还给你。不要因为一时的斤斤计较，让朋友感觉你是一个小气的人，还可能让朋友觉得你这个人不厚道，最终使友谊也遭到破坏，这是大家都不愿意看到的。

二、讨回欠款，注意方式

如果你很需要那笔钱，那就要想办法履行你的债权人的责任，讨回朋友的欠款。但要注意方式方法，切勿鲁莽从事，破坏了朋友间的感情。你要设身处地替对方想一想，要了解他是否有什么困难。假若他因为家境贫寒而无力偿还，你就不应该步步紧逼。在已经陷入困境的朋友面前讨债，这还能算是朋友吗？相反，我们应该和其他朋友一起尽力帮助他，让他渡过难关。至于还钱，我想在朋友渡过难关之后，想到的第一件事就是把钱还给他的"恩人"朋友。这样，你不仅会从中得到快乐和欣慰，还会让朋友的友谊更加坚不可摧。

倘若并不是客观原因致使你的朋友迟迟欠债不还，你可采取婉转一点的方法来提醒他。譬如你和他谈话时告诉他，你最近想买某东西，可是钱不够，这样他很快便会想起自己曾借你钱的事。如果这种方法不奏效，那就得采取更直接的方法，但是也要找一个合适的机会。当你和他单独相处时，你可以对他说："请问你是否还记得上次我借给你的钱？过了这么久，你大概忘了吧？"当然，你说话时态度必须有礼貌，还要注意说话的语气，使他没有一种由于被逼债而感到羞愤的感觉。可以相信，一般人经过这样的提醒，都不会再拖欠你的钱了。

在借钱给对方时，最好的办法是请你们两人都认识的第三者在场或写下一张借条，留下凭据，以防以后出现麻烦。如果真的出现了麻烦，就应该向老师或家长求助，千万不能动武力，如果动了武力，即使有理也是你错了。假如你的钱实在无希望收回了，你也不必顿足痛悔，因为你通过这件事认清了对方的为人，这也值得庆幸了。

总之，只要你方法恰当，把握好对方的心理，便会得到应该属于你的东西，而且也不会失去一份真正纯洁的友情。

 ## 考试有作弊行为，怎么办？

目前，学生考试作弊现象时有发生，且作弊技巧越来越高，花样也越来越多。有用手帕裹着答案的，有将准备好的卡片缝贴在外套里的，女生则将卡片缝贴在裙子里，或干脆将答案写在腿上，令监考的男教师束手无策，还有通过手势合伙作弊的……使一些平时学习认真刻苦，不会作弊或根本就不想作弊的学生深为不满和苦恼。因为，他们所付出的努力没有得到公正的评价，那些平时不用功或善于作弊的人却取得了好成绩，甚至当了三好学生。那么，怎样看待作弊现象呢？

我们首先分析一下作弊的原因，作弊的原因大致有 3 种：①平时学习不努力，怕考不及格，或担心父母责骂而作弊；②平时在班上就是上等生或优等生，为了保持自己在班上的地位和名列前茅的成绩而作弊；③看到别人作弊，又没有被老师发现，觉得不作白不作，故而作弊。

现在的作弊现象很普遍，不过普遍并不意味着理所当然。首先作弊是对自己的不尊重，同时也对其他真正用心付出过的人很不公平。因为考试作弊，你没有与同学付出同样艰辛的努力却取得了良好的成绩，在班级形成了一种不公平竞争的氛围；在重要的考试中，作弊者不仅仅是自己取得了不该得到的名次、证书或利益，而且直接将另一些考生推向了尴尬境地；对于主动帮人作弊者，无法有效地考出自己应有的成绩；

对于被动帮人作弊者，因为本身就是不情愿或"被逼"的，就根本无法全力发挥自己的水平了。作弊者可能偶尔会一时得逞，给作弊者带来极大的精神和物质上的鼓励，进而更加激励和坚定这一人群将作弊进行到底的决心。但这绝不会是长久之计，这个时代可能会给投机取巧一些生存的缝隙和机会，却不会让他们永远无穷尽地占领别人的劳动成果为自己谋取私利。剽窃的人唯一的作用就是复制，也只是复制而已。

其次，作弊伤害、欺骗了老师。考试除了检查学生对知识的掌握情况外，还是检查教学质量，衡量教学水平，促进教学改革的重要环节。通过考试促使学生改进学习方法，提高学习效率；促进教师改进教学方法，提高教学水平。考试成绩是目前衡量教学质量的最常用最重要的指标，它是通过对学生知识、技能、态度的测试，评价学生是否达到教育目标的一种手段。虚假的分数会危害学生学习的积极性，妨碍学校教学研究和教学改革的顺利进行。因为考试作弊，老师不知道学生的真实成绩，失去了教学的有效性。

另外，作弊有损于学生的心理健康。作弊前，多数作弊者常有强烈的心理矛盾冲突，如，这次考试究竟作弊不作弊？作弊可以取得好分数，但被老师发现怎么办？类似问题经常在脑中出现，作弊者常处于一种恐慌状态。作弊过程中，大多数作弊者身心处于极度紧张状态，他们想作弊，又想不被老师发现，所以，常出现一些反常的动作或表现，如：常抬头看看老师，又怕与老师的目光接触，当老师也同时注意他时，便会立刻低下头来，有些学生尽量想表现出若无其事的样子，但又心神不安。当老师走近时，便立刻心跳加快，甚至血压升高。

心理学家研究发现，紧张的情绪变化会给人带来一系列内在的生理变化。有人说：说谎有损心理，那么，作弊更不例外。也许有人会说不管作弊时如何紧张，只要分数上去了就是值得的。其实，也不尽然。因为作弊者在作弊后也常会有强烈的自责感。表现在他们常常为作弊找出很多借口来安慰自己，尽量将自己的作弊行为合理化，以取得一种心理平衡，但当为自己找的理由不能合理化时，便产生强烈的自责与内疚，使其身心受到损伤，严重的造成精神上的折磨。

学生干部没威信，怎么办？

学生干部要在工作中得心应手，要让其他同学都能听自己的，或者说，让其他的同学"服"，这不是一件简单的事。要树立起自己的威信，必须做好以下几点：

一、对自身要求严格

优良的个人品德，是学生干部在群众中树立威信的基础。作为学生干部，要树立崇高的理想和抱负，使自己成为一名具有高尚境界的人。要注重自己思想品德修养的提高，不断完善自己。不但要培养自己勤奋、正直、坦诚、谦虚、宽容等优秀的个人品德，而且要具有为同学服务的意识和无私的奉献精神，这是非常重要的。要不断总结，经常反省，并弥补自己的不足。

要做遵纪守法的模范。干部是学生的表率，他的一举一动在学生中都有明显的影响，只有严格要求自己，以身作则，在遵纪守法上有很强的自觉性和示范性，才能赢得广大学生的尊重和信赖，成为他们心目中的楷模。在纪律上要求别人做到的，作为学生干部，就一定要先做到；不允许别人做的，自己首先不做。古人云：其身正，不令而行；其身不正，虽令不从。对自己要求不严格，就无法管好学生，更不用说在学生的心中树立自己的威信了。比如，要求其他学生在校内不要骑自行车，你却在校内骑；要求学生在校内要佩戴好胸卡，你却不戴；要求学生在班内不要乱扔废纸，你却先扔；怎么去要求其他学生做到？

在学习上，要努力使自己的成绩出类拔萃。学生在学校的主要任务还是学习，学习不好，工作再卖力，也是难以让大家信服的。学生干部如能把要学习搞好，这样他说起话来才有威信。作为学生干部，一般比其他同学要花费更多的时间，因为他既要工作，又要学习，因此学生干部的时间比一般学生的时间更珍贵，更紧迫，这就需要处理好学习和工作的关系，要特别珍惜时间，并科学地安排好时间，努力把学习搞好。

二、工作积极主动

学生干部虽说也是个"官"，但其实它是世界上最小的官，是为学生服务的官。每一位学生干部，从他当选之日起，就应该明白，无条件地为集体作奉献、为同学作奉献是自己的责任和义务。要牢固树立"为同学服务"的思想，不要把自己的干部当做"官"来做，不要老是想命令别人，管别人，叫别人怎样；要能够身先士卒，以自身的努力来带动别人，用自身的勤奋来说服别人。

作为学生干部，要清楚这么一点，自己的威信不是靠班主任、靠老师来帮助自己树立起来的，而是靠自己的努力，靠自己对工作的满腔热情去树立起来的。比如，布置大家劳动，自己干的活应该是最苦的最累的。要主动针对班级、针对学校的实际情况，想大家之所想，积极组织学生开展各项活动，陶冶学生情操，活跃学生身心。要能够替老师操心，想老师所想，为老师分忧，最好是在老师布置之前，就已经把事情做好了。比如，班级有什么新的动态，可以主动通过召开班会来讨论，来解决；针对班级的学习气氛不浓，及时开展一些学习竞赛活动、学习交流活动等等。

三、讲究工作方法

工作方法是学生干部树立威信很重要的一点。有的学生干部在当干部前也是有号召力的, 可是做了学生干部后, 就是因为工作方法粗暴、简单, 而失去了同学的信任。不能总是觉得我是一片好心, 在为大家服务, 你们怎么不理解, 你们怎么不支持? 继而埋怨同学, 甚至产生消极的情绪。有时工作中有一点误会也是正常的, 要相信误会总是可以消除的, 作为学生干部, 要不断学习, 充实自己; 要多向老师请教, 向书本请教, 掌握更多的工作方法。

要能团结大多数学生。学生干部要面对一个个人开展工作, 要能带动大部分同学不断进步, 就需要同学们的理解、信任, 这样才能在行动上协调一致, 而要做到这一点, 就应真诚相待, 以情动人, 以行动感人, 在生活上热心助人, 在学习上共同探讨, 在活动中共同分担, 在思想上相互启迪, 用自己的真诚情感和实干精神作为联系同学的纽带。不团结大家, 不依靠大家, 工作就难以开展。

应扎根于广大学生之中, 努力发扬谦虚、谨慎的美德, 时刻注意发现别人身上的闪光点, 从同学身上不断汲取多种养分充实自己, 脚踏实地地做好每一件事件。要从点点滴滴的小事做起, 只有时时处处想到为同学做好事, 才能养成良好的习惯与高尚的道德品质, 将来也才能为人民做出较大的贡献。

平时的工作要有计划有步骤, 要努力用计划来指导自己的行动, 组织活动前要精心准备, 不能草率, 要尽量考虑周到。平时要能做好自己工作的记录, 及时向老师汇报反映, 争取得到老师的支持和帮助。遇到问题时冷静处理, 比如同学之间有了纠纷, 作为一名学生干部, 就应该站出来, 但怎么处理呢? 要冷静, 不慌乱; 先调查清楚, 不要急于求成; 要力争通过说服教育, 让事态平息下来。平时要多和同学谈心, 并通过谈心帮助同学。

总之, 学生干部在平时的工作中, 要不断提高自身品德修养, 勤奋学习, 努力工作, 并不断反思总结, 只有这样, 才能在全体学生中树立起自己的威信, 使自己的工作能更加顺利地开展。

怎样出庭作证？

人民法院审理案件时，法庭调查阶段的任务是通过询问当事人及其他诉讼参与人，核实论据，全面查明案件的真实情况，确定解决当事人之间争议的客观依据。这一阶段往往需要证人提供证言。作为中学生，如果是证人，那么该怎样出庭作证呢？

一、要按照法定程序接受审判人员的查询

审判人员要查明作证者的姓名、职业、住址等。接受审判人员的查询一定要有耐心，不要认为这是多此一举或对此不屑一顾，回答问题时更不能漫不经心，从而给审判人员留下不好的印象。

二、明确证人权利、义务

一定要记住自己作为证人的权利和应尽的义务，并充分利用法律赋予的权利，切不可违反法定程序，打断或抢先发言。

三、证言一定要符合事实

证人的证言是法庭审判案件的重要证据之一，有时直接影响法庭的判决。因此在提供证言时，一定要实事求是。不能感情用事或用"大概"、"可能"等模糊词语。如果对审判人员的提问感到确实不清楚，可向审判人员说明并请求法庭的谅解。

四、作证时一定要知无不言、言无不尽

应该把有关的事实真相全部提供给法庭，注意要围绕本案，而不能

脱离或游离本案旁征博引。更不能因倾向于某一方而仅把对其有利的事实说出来，尽量回避或不说对其不利的事实真相。这就要求作证时必须站在公正的立场，把本案的事实还原出来，原原本本，既不夸大，也不缩小，以帮助法庭正确、及时地审理案件。

五、证言要简洁文明，语速适当流畅

作证时，应该用简洁朴实的语言，不要夸夸其谈，也不能吞吞吐吐，颠三倒四。作证不是辩论，不要用逻辑推理去证明什么，而应准确地陈述事实真相，讲话要不紧不慢、不高不低、从容镇定。

六、正确对待当事人和其他诉讼人员的发问

按照法定程序，在证人提供证言之后，当事人和其他诉讼参与人有权向证人发问。作为证人，有义务对证言加以解释和补充。由于当事人和其他诉讼参与人的心情各不一样，所以他们在发问的时候可能比较激动。不管他们的态度怎样，都应该正确对待，泰然处之，充分尊重对方，不卑不亢，既可显示自己的修养和风度，又可赢得对方的尊重，从而给法庭审判人员留下良好的印象。当然不能畏惧邪恶的势力。

法庭是神圣、庄严的场所。当出庭作证时自己的服装、语言、神态、行为都要得体，为法庭正确及时终结案件尽一个证人应尽的义务。

品德修养之知礼篇

不会孝敬父母，怎么办？

孝敬父母是中华民族的优良传统，是世界人民共同崇尚的美德，也是日常礼仪中最重要的礼仪之一。

现在的中学生大多是独生子女。较优裕的生活条件和环境，使不少孩子养成以自我为中心的习惯。他们为自己想的较多，为别人想的较少，甚至认为父母为他们所做的一切都是应该的，他们不懂得怎样孝敬父母。其实，孝敬长辈是中国人民的优良传统，也是我们每个人应该履行的道德规范。

为什么要孝敬父母呢？仅从父母对于子女的养育之恩来说，从十月怀胎到小生命的降生，从初生的婴儿到翩翩少年，从衣食住行到上学读书，交往朋友，当父母的不知要操多少心！每个称职的父母虽然在给予子女的生活知识和思想养料方面并不是等量的，但他们却在竭尽全力地给予。可以说父母对子女的爱是人与人之间最深情的爱，是最富于自我牺牲精神的爱。面对养育我们成长的父母，我们每个稍有良知的人都应孝敬他们。

那么，我们该怎样孝敬父母呢？

一、孝敬父母长辈，要听从他们的教导

要像《中学生日常规范》所说的那样"尊重父母的意见和教导，经常把生活、学习、思想情况告诉父母。"向他们诉说心中的喜怒哀乐，向他们请教解决问题的方法。因为父母的教诲，大都是积几十年生活经历的经验之谈，听从父母的教诲可以少走弯路，有利于自己的健康成长。

二、孝敬父母，要对他们有礼貌

我们有不少同学认为，一家人天天在一起不必客气，不必有礼貌，这种想法是不对的。中华民族历来注重礼仪教育，中国素有"礼仪之邦"美称，我们应把我们民族的好传统继承下来，在家中形成一定的礼貌常规。早晨起床后向父母问安，有事离家要向父母告知。在日常生活中，要养成谦恭有礼的习惯。如吃饭时先让父母坐，替父母端饭拿筷。吃东西要顾及长辈。听父母讲话要认真，不随便插嘴，更不能随便顶撞。对父母讲话，态度要温和，还要注意使用礼貌用语。

三、孝敬父母，要在具体行为上关心体贴他们

我们中学生虽然还没有能力赡养父母，但总可以在言行方面多加关心体贴。在完成学习任务的基础上，要料理好个人生活，不让父母操心，主动承担一些力所能及的家务劳动和为父母服务的工作，以减轻父母的负担。要常关心父母的身体健康，问寒问暖，特别在父母生病时更需细心照料。在节假日、父母的生日、结婚纪念日，子女悄悄送上一张卡片（自制的更有意义）表达浓浓的儿女情，这样既可加深与父母的感情，更是对父母极大的精神安慰。总之，我们应用具体行为孝敬父母，回报他们给我们的爱。

品德修养之知礼篇

长辈生病了，怎么办？

解决学生品德修养中经常遇到的问题

俗话说："滴水之恩当涌泉相报。"如果生病的是你的爹娘，那么，请你想一想，你是怎么长到这么大的？想当初，你呱呱坠地来到人间，是谁一把屎一泡尿拉扯着你？是谁一口奶一口饭喂大了你？你病了，又是谁彻夜难眠护理着你？回想起你的成长史，我相信，你必然会对爹娘感激不尽。那么，此时不正是你报答他们的极好机会吗？如果生病的是你的祖父母、外祖父母，也请你想一想，他们是如何含辛茹苦养大了你的父母，又是如何呵护着你，为你的每一点进步而高兴不已？没有他们的辛劳哪有你的父母，又哪有你呢？此时不正是你向他们表达自己和父母感激之情的好机会吗？

天晴总有天阴时。人生在世谁没有生灾害病的时候呢？当初你有点小病小灾时，长辈搂着你，哄着你，给了你多大的安慰！现在他们病了，忍受着疾病的折磨，多么需要亲人的关心与照顾啊！他们的身体正遭受着痛苦，你可不能让他们心灵受到伤害，设身处地地为他们想一想吧！请以你的骨肉亲情去温暖他们的身心吧！这是为人子女最起码的义务，也是我们中华民族的传统美德。

"子女有赡养扶助父母的义务"，这是我国法律的明确规定。作为中学生，虽然还不具有赡养父母的能力，但扶助父母，比如对父母精神上安慰，感情上体贴，生活上照顾，尤其是在父母患病时，悉心服侍，使他们早日康复，是我们应该履行的义务。

明白了以上道理，相信你一定会对病中的长辈倍加体贴，也绝不会再嫌烦嫌脏了。但话又说回来，平时父母亲、祖父母等长辈对你很关心，对你的学习和生活都照顾得十分周到。现在，他们生病了，你想服侍，但又怕影响学习，怎么办呢？我们可以参考以下几点：

一、合理安排，统筹兼顾

作为中学生的你，既服侍生病的长辈，又想不影响学习，确实有些为难。但如果你学会了合理地安排，便可做到统筹兼顾了。例如，在课堂上你应加倍注意听讲，这样写作业时就不至于因为不理解题目而影响了速度，也可节省些复习的时间；课间和在校能够利用的一切时间都用来抓紧完成作业，这样放学后就有较多的时间服侍长辈了。再如，需要背的单词和课文，较简单的"抄写"之类的作业，可以利用服侍长辈的间隙时间或在炉子边熬药时，在病床旁陪护时来完成。

二、根据需要，有所侧重

常言道："锥子没有两头快。"如果长辈处于病危阶段，非你服侍不可时，那就只有"忍痛"停几天课了。这时你可以把重要的课本带在身边，在他入睡时，看上几页，以免落下的课太多，但不能过于"全神贯注"，因为你还得随时注意观察他的病情；待长辈病情一稳定，你得赶紧抽空去听课，抓紧时间把落下的课补回来；如果不巧正赶上考试，又无法补考，那只有设法请人帮忙照看一下长辈了。

三、发动群众，寻求帮助

请别忘了个人的力量毕竟是有限的，"众人拾柴火焰高。"除极特殊的家庭外，我们一般都会有些其他的亲朋好友，你在个人难以应付的时候，可以适当地向他们寻求些帮助。同时，你还有关心你的亲爱的老师，和几十位朝夕相处好同窗，他们是你信赖的朋友和坚强的后盾，可以帮助你渡过难关。

品德修养之知礼篇

父母过生日，怎样表示祝贺？

每当唱起生日歌时，同学们一定会记得自己过生日的那种热闹场面，一定会想起父母为自己买的生日礼物，心头会涌起阵阵暖意……但是，同学们是否也记得父母的生日呢？如果父母过生日，又该怎样表示祝贺呢？

对于父母来说，如果孩子能记得他们的生日，那是很大的欣慰。如果生日那天，孩子向他们表示祝贺，他们就会更加高兴。表示祝贺的方式有很多，同学们会选择哪一种呢？

一、送上他们喜欢的礼物

同学们平时要和父母多交流，了解他们的爱好。如他们所喜爱的一本书、服装等。如果在他们生日那天，给他们送上一份平日喜爱的东西，一定会给他们一个意外的惊喜。

二、帮助料理家务

父母出于爱护，会让子女多花一些时间在学习上，平时很少让子女做家务。在父母生日那天，同学们可以主动料理家务，譬如整理居室、洗碗、洗衣服等，让父母轻轻松松地休息一下。这不仅会让我们的父母感到欣慰，对于子女来说也会感到莫大的快乐。

三、送上一份良好的学习成绩单

其实父母心里最希望得到的，莫过于子女在学习上能取得优异成绩，为此他们不抱怨家务的繁琐，不抱怨工作的压力，而是一心一意地盼望着子女能在学习上有长足的进步。因此，同学们若是能够在父母生日时向他们报告自己在学习上的进步，以及取得的好成绩，那将是他们过生日时最好的礼物了。

四、举行外出庆祝活动

外出活动可以放松心情，消除工作的疲惫和压力。如果父母喜欢旅游，生日时又恰逢节假日，同学们不妨主动提出陪同父母外出旅游，或是邀请亲朋好友到郊外进行野餐活动，表示对父母生日的祝贺。如果父母喜欢看电影、看戏这样的娱乐方式，子女也可以主动买票陪同父母一起去看电影或看戏，共度甜美幸福的快乐时光。

五、举行生日聚会

如果经济条件许可，可以搞生日聚会，邀请亲朋好友一起为父母祝贺，以使场面热闹，气氛热烈。通过这样的方式聚齐平时见面少的亲戚朋友，让他们来一起分享父母亲的快乐，这不仅会让父母更加开心，也极大地增进亲朋好友之间的感情。但要注意不能铺张浪费。

六、书信祝贺

在生日前一天写好一封贺信，表达自己对父母生日的祝愿，在生日那天恭敬地交给父母。有能力的最好凸显出自己独特的写作方式和文采，让父母从书信中重新认识你，可以采用书法形式、绘画形式等。

七、利用报刊、电视、广播等媒体祝贺

同学们可以通过电视台、广播电台及地方报纸，在父母生日那天，为他们点一首他们所喜爱的歌曲或献上几句生日祝词。当一家人开心地看着电视或者听着广播，或者一起围坐着看报纸上的生日祝福时，那是

多么温馨而甜蜜的时刻啊。

祝贺生日的方式多种多样，采取哪种方式最佳，需要靠自己平时与父母多交流沟通，了解他们的兴趣、爱好；同时要注意，采取的庆贺方式应使他们感到生活的实在、温馨和乐趣，避免产生岁月匆匆的伤感情绪。

怎样与外国人交谈？

学生朋友如何与外国人交谈？让我们先从一则小故事说起。在我国北方的一座城市，有几名男女大学生星期天游公园，遇见一位美国小姐，就主动与美国小姐打招呼。双方交谈起来后，其中一位大学生不停地问那位美国小姐："你干什么工作"，"一年能收入多少钱"，"你今年有30岁吗？"直问得美国小姐满脸恼怒，拂袖而去。弄得几位大学生莫名其妙。

那么学生在与外国人交谈中究竟该注意那些事项呢？

一、态度要热情友好，要做到不卑不亢，落落大方

外国人主动和我们交谈，不要故意回避，羞于见人，也不要一哄而上，七嘴八舌，好奇围观；交谈时既不能自惭形秽，在外国人面前丢掉民族气节，也不要目中无人，妄自尊大，要体现中华民族礼仪之邦的良好传统，面带微笑，彬彬有礼。

二、服饰要整洁、美观，仪表要庄重，要体现中国学生朝气蓬勃的精神状态

在和外国人交谈时不要做与谈话无关的事，比如抠鼻子、掏耳朵，指手画脚；也不要一边交谈一边摇晃身体；站立交谈时，两腿要直立，不要交叉；座姿交谈时，腰背要平直，不要跷"二郎腿"。

三、语言要规范

不要用外国人难以理解的方言、土语，尽量用普通话进行交谈；要礼貌用语，用词要达意，不要用一些似是而非、模棱两可的语言；言谈要把握分寸，褒扬不过头，自谦要真实。通过优美而有具体内容的语言，体现中学生富有涵养、谦逊有礼的气质。另外，还要努力学好英语，发挥这种语言工具的作用。

四、谈话的内容要维护我国的对外形象

对有关政治倾向性的问题，有关我国的经济、军事、科技、信息等，交谈时要谨慎，不宜深谈。外国人不愿交谈的事，不要穷问不舍，属个人隐私范畴的内容，交谈中一般均应回避。对自己不知道的事情，在外国人提问时不要随便作答复。交谈时要有答有问，有来有往，让人感到气氛和谐自然，但绝不能向外国人索要礼物，乱攀亲戚。发现外国人在交谈中有不端或不法行为，应及时向外事部门反映，不要自作主张处理。

五、尊重隐私

外国人普遍认为，要尊重交往对象的个性独立，维护其个人尊严就要尊重其个人隐私。即使是家人、亲戚、朋友之间，也必须相互尊重个人隐私。所以与外国友人相处时，应当自觉回避对对方个人隐私的任何形式的涉及。不要主动打听外国朋友的年龄、收入、婚恋、家庭、健康、经历、住址、籍贯，以及宗教信仰、政治见解、正在忙什么等等。

六、了解国外人们的种种忌讳，避免不礼貌情况的发生，这也是十分重要的礼仪内容

礼仪内容包括：数字的忌讳，食品的忌讳，颜色的忌讳，花卉的忌

讳，还有其他不同国家的各种忌讳。

当然，有的时候，在同外国朋友进行接触之中，难免会碰上一些本人尚未经历的场面，或是难以处置之事。此时此刻最好的方法，就是静观一下他人的做法，努力"从众"，与大家保持一致。

不懂学生礼仪，怎么办？

一、学生仪容、仪表、仪态的礼仪

衣着得体：中小学生的日常着装要符合年龄特点，特别是符合学生身份，整洁大方。少先队员、共青团员依照规定佩戴红领巾或团徽。学生不化妆、不戴饰物、不烫发，男生不留长发。

参加集会、听讲时坐正立直。坐正：头正颈直，上体与座椅靠背基本垂直。立直：抬头挺胸，上体、双腿与地面垂直。

行走稳健：行走姿势正确、步幅适中，稳健有力。在楼道、教室行走时，慢步轻声；在街道上，靠右行走；不摇肩晃臀，不与人勾肩搭背行走。

谈吐举止文明：是仪表的综合要求。与人交谈时，态度诚恳，语言文明。待人接物中，表情自然，动作大方。

二、学生体态语言礼仪

微笑：是对他人表示友好的表情，不露牙齿、嘴角微上翘。

鞠躬：是下级对上级、晚辈对长辈、个人对群体的礼节。行鞠躬礼时，脱帽、立正、双目注视对方，面带微笑，然后身体上部向前倾斜自然弯下，低头眼向下看。有时为深表谢意，上体前倾幅度可加大。

握手：是与人见面或离别时最常用的礼节，也是向人表示感谢、慰问、祝贺或鼓励的礼节。握手前起身站立，脱下手套，用右手与对方右手相握。握手时双目注视对方，面带微笑。一般情况下，握手不必用力，握一下即可。老友间可握得深些、久些或边问候边紧握双手。多人同时握手不要交叉，待别人握后再伸手，依次相握。

招手：在公共场合远距离看到相识的人或送别离去的客人，举手打招呼并点头致意。

鼓掌：是表示喜悦、欢迎、感激的礼节。双手要有节奏地相击，鼓掌要适时适度。

右行礼让：在校园、楼道或街道上行走时，靠右侧行进。遇到师长、客人、长、幼、妇、残、军人进出时，主动开门侧立，让他们先行。

三、学生与人交往、谈吐基本礼仪

尊称（敬称）：长辈、友人或初识者称"您"。对师长、社会工作人员要称呼职务或"老师"、"师傅"、"叔叔"、"阿姨"等，不直呼其姓名。

对他人提出要求时说"请"；与人打招呼时说"您好"；与人分手时说"再见"；给人添麻烦时说"对不起"；别人向自己致谢时回答说"没关系"；得到别人帮助时表示感谢说"谢谢"。

四、升国旗、唱国歌礼仪

参加仪式的学生要衣着整洁，系好衣扣、裤扣，戴好红领巾，脱帽，面向旗杆方向立正站好。不得交谈、走动或做其他动作。升国旗奏国歌时，面对国旗行队礼或注目礼，直到国旗升至杆顶。

少先队队礼：立正站直，眼睛注视国旗，右手五指并拢，高举头上，表示人民的利益高于一切。

国歌是音乐形式的国家象征。唱国歌时要立正站好，目视前方，神态庄重，歌词正确，音调准确，声音洪亮。

五、学生校内礼仪

进校第一次见到师长，要止步立正鞠躬问好："老师好！""校长好！"人多时，可以点头示意问候；见到同学，可点头致意，招手问好。

上下课起立。站在座椅一侧，双手自然下垂，向老师行注目礼。

课上准备提问或回答问题先举手。正确动作是：端坐座位上，右肘放在桌面上，上臂上举，右手五指并拢，指尖向上，等老师允许再起立发言。

进入老师办公室或居室喊"报告"或敲门，声音以室内人听见为适度，在社会交往中，进入他人房间也须先敲门，未经允许不得擅自入内。

六、学生迎宾礼仪

宾客来访，要起立迎接，面带笑容，主动问候："您好！""欢迎您来！"回答客人提问要起立。为客人让座、送水；客人与家长谈话时要回避；客人离去，起身送至门外。

七、学生家中礼仪

就餐时先请长辈入座，自己方可就位，就餐中也要礼让他人。

离家前，向家长打招呼："我走了，再见！"归家说："我回来了！"见家长离家或归家，主动招呼，递接物品等。

 怎样学会尊重他人？

孟子有云："爱人者，人恒爱之；敬人者，人恒敬之。"强调了尊重他人的重要性。一个人在与别人交往中，如果能很好地理解别人、尊重

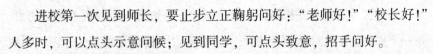

别人，那么他一定会得到别人百倍的理解和尊重。

懂得尊重，是做人最起码的一种道德要求。做到了尊重别人，则是一种境界、一种美德。这是人生必不可少的基本素质，是对他人人格与价值的充分肯定，同时，亦是赢得他人对自己尊重的基础，自身的自尊方能得以周全。所谓尊人尊自己，这是一种辩证的关系。要想得到别人的尊重，首先要懂得和学会尊重别人。

人与人之间的互相尊重，可以让人开心，使人奋进，助人成功。尊重，是一种理解与宽容。与人相交，求同存异，学会移形易位换位思考。千人千面，我们不能够要求所有的人都按照同样的方式活着。与人交往，你可以有所选择，却不要想着去改变一个人。豁达大度，是人际交往中的积极因素。

人有地位高低之分，但无人格贵贱之别，只有灵魂高度上的差别，只有道德品质高下之别。任何人不可能尽善尽美，完美无缺，我们没有理由以高山仰止的目光去审视别人，也没有资格用不屑一顾的神情去嘲笑他人。假如别人某些方面不如自己，我们不要用傲慢和不敬的话去伤害别人的自尊；假如自己某些方面不如别人，我们也不必以自卑或忌妒去代替应有的尊重。一个真心懂得尊重别人的人，一定能赢得别人的尊重。

尊重是一门学问。尊重别人，就是尊重自己，就是将自信、善良和宽厚播种在他人的心田。我们要做一个言谈举止文雅而端庄的人，养成尊重他人的好品德、好习惯，要敬爱父母、尊敬师长、团结同学、扶助弱小、乐于助人、关心他人。

一、要尊重别人的人格

每个人都有自己的人格尊严，它是公民的名誉和公民作为一个人应当受到他人最起码的尊重的权利。在人格上人人都应该是平等的，不存在尊卑贵贱之分。尊重别人的人格，首先要做到不取笑生理有残缺的人，不做伤害他人的事，不给同学起绰号。

二、尊重他人还要关心他人

在日常生活和人际交往中我们要主动关心老、弱、病、残及妇女和儿童，特别是那些老无所依的鳏寡老人和举目无亲的孤儿，要尽量在生活和精神上帮助他们。另外，我们要尽量把方便留给他人，而且不要做损人利己或者损人又不利己的事。

三、要尊重他人的劳动

尊重他人的劳动，相当于尊重自己的劳动。设身处地替他人着想，将心比心，多给予他人热情的鼓励和帮助，不仅有利于把工作进一步地做好，做完善，也能促使他取得更大的进步和成绩，同时也激发了他人的劳动热情和欲望，还能提高劳动者的工作效率。如：上课专心听讲，努力学习就是尊重老师的劳动；在公共场所不随地抛纸屑、不随地吐痰就是尊重环卫工人的劳动……珍惜别人的劳动成果也是尊重他人的一项重要内容。

四、要讲文明懂礼貌

文明礼貌是中华民族的优良传统。在人们的交往中，注重礼貌，体现着一个人的道德修养，也是尊重别人的表现。对待他人要热情、友善、文明、礼貌、体谅、诚实，无论他人的年龄、性别、职业、地位、相貌如何，都要礼貌待人，语言文明，使用礼貌用语要自然。

青少年应该在日常生活中从身边的点滴小事做起，学会尊重他人、关心他人，弘扬社会主义的人文精神，做一个尊重他人、对他人有爱心、对长辈有孝心的好学生。

不懂得尊重老师，怎么办?

  诗人把老师唤做"课堂里的树"，说老师的"语言，是富有光泽的树叶"。歌唱家以"老师的窗前彻夜明亮"来赞颂老师的鞠躬尽瘁、无私奉献。老师是耕耘春天、播种希望的人，他撒播下希望的种子，辛勤耕耘，我们就是老师培养的一颗颗种子，老师将我们育成参天大树。赞美老师，是对老师的一种肯定，一种尊重。那么，我们该如何尊重老师?

  首先，要在认识上，感情上去理解老师、体贴老师，不能简单地认为老师是为了某种功利来从事教书育人的工作，记住"那块黑板擦去的是功利，写上的是真理"，老师在夜深人静的时候，还在备课，批改作业，学生全部酣然入梦的时候仍在查寝。这种辛勤的劳动，是为了谁呢?如果是为了私利，他们又何必如此辛苦地工作呢?大可不管我们的学习、纪律、卫生。这些超出工作时间的劳动是没有经济报酬的。

  其次，要尊重老师的劳动。课堂上要认真听讲，积极思考，这也是尊重。学习中以进取的心态，严谨的风格，参与活动，完成学习任务也是对老师的尊重，有创新意识，对老师的教学提出建议，同样也是尊重老师的一方面。

  第三，要接受老师的教育，在成长过程，有错误是在所难免的，可关键是能否知错就改，如果能，那既表现出我们的宽广胸怀，也表现出对老师的尊重。遗憾的是有些同学知错但不改错，恶意顶撞老师。所有的一切，无一不透露着你的不可理喻，缺乏改错的胸襟和你的无知、愚蠢。因此，我希望每一个同学都能知错就改，接受老师的教育，这同样也是对老师的尊重。

第四，要养成使用礼貌用语，主动向老师问好的习惯。如果你主动说了一句"老师好"，这样不仅反映出你的高尚品格，还增进了师生感情，体现出你文明礼貌的素养。

上课时有顶撞老师的不良习惯，怎么办？

尊敬教师是中国人的传统美德，也是青少年应有的品质修养和文明行为。经常有一些学生有在上课时顶撞老师的不良习惯，这是对老师极不尊重的行为。那么，想改掉这种毛病怎么办呢？

一、要从思想上认识到，顶撞老师是不对的，是绝对不允许的。这是不讲文明，没有道德修养的表现，不符合中学生应具有的行为规范要求的行为标准。

二、要知道，一个人从无知到有知，从粗俗到文明，从幼稚的孩子到具有丰富的文化科学知识的有志青年，都离不开教师的辛勤培养和循循善诱的教导。因此，每一个学生都应该对教师保持发自内心的崇敬和热爱。

三、作为学生，任何时候都要有尊敬教师的文明习惯。无论在校内外或任何时候见到教师都应主动、热情地向教师致意，问早、问好；上课迟到或到教师的办公室有事，都要先征得教师的允许方可进入；与教师交谈时，如果教师是站着的，自己就要站起来与教师交谈；进出门、走在楼梯上遇到老师要主动让路；如果教师生病了，同学们应主动到教师家里或医院探望、慰问；新年里可以给教师寄贺年卡或到教师家里拜年等等。这些都是我们应养成的良好习惯。凡是不尊重教师、走在街上视教师为陌生人，给教师起绰号，顶撞教师的批评教育，都是与社会主义精神文明所不相容的，应当受到批评谴责。

四、人无完人，金无足赤。从辩证唯物主义观点看来，教师和其他人一样，身上也会存在着这样或者那样的缺点，在教育工作中也会有失误和过错。但是，当你觉得教师对你的批评教育有所不当时，是不是就有理由顶撞教师呢？遇到这样的情况，作为一个有修养、懂礼貌的青年学生完全可以对教师诚恳地提出自己不同的看法和见解，可以对教育教学中不当之处提出意见，然后通过和教师交换意见，一起讨论、研究，达到教学相长的目的。当然，我们对教师提出不同看法除了应采取正确的态度，还得注意适当的场合和方式方法，分寸得当。

爱喊别人的绰号，怎么办？

我们有些同学与人相处，不爱喊人名字，专爱根据别人长相与性格，喊别人绰号。那些难听的、甚至带有恶意的绰号，常使被喊的人十分尴尬，翻脸又不好，心里不是滋味。我们讲百人百性，千人千面。性格是十几年或几十年形成的，长相是爹妈给的。有很多人已为自己的长相和性格苦恼不堪，可有人就爱去挑别人毛病给人起绰号。殊不知这样做既伤害了对方，又显示了自己的低级趣味。何必做这种损人又不利己的事情呢？

那么，如何改掉这个毛病呢？

一、要尊重同学，要富于同情心

同学之间，是姐妹兄弟，我们应该彼此之间互相尊重，互相爱护。同学长相有缺陷，已经很痛苦，我们就应该避免讲刺伤他的话。要设身处地为他人着想，把别人的痛苦，看成是自己的痛苦，要用语言去宽慰别人。如果这一切都成为你与同学相处的准则，你就再也不会喊别人的绰号了。

二、站在对方的立场想一想

不要看到别人胖一点，就喊别人"猪"，看到别人瘦一点就喊别人"猴"。假如你长得胖一点，别人喊你"猪"你会作何感想？你也会有缺陷，长相没有，性格上也会有，人无完人。"己所不欲，勿施于人。"不要把自己的"快乐"建立在别人的痛苦之上，因为别人同样可以把"快乐"建立在你的痛苦之上。

三、要培养自己的高雅情趣，摒弃一些庸俗的东西

人的情趣是与道德、理想、艺术等密切相关的。情趣有高雅、低俗之分。庸俗情趣是平庸鄙俗、不高尚的情趣，它会使人经受不住不良诱惑，贪图安逸享乐，不思进取，精神颓废，不利于身心健康，并且有可能走向犯罪；高雅情趣则能使人追求健康文明的生活方式，能使人修身养性，经常保持一种良好的心境，有益于身心健康。作为一个有高雅情趣的人，是绝不会庸俗地喊别人绰号的。

总之，尽管绰号并非都具有侮辱性，但故意给人取不雅的绰号，不分场合随意喊别人的绰号，其实质是取笑别人，是一种不尊重人的表现，侵犯了别人的人格尊严。起绰号不仅反映了一个人的生活情趣，也反映了一个人的文化修养、心理素质和伦理道德等问题。因此，我们必须坚决改掉这个坏习惯。

总是莫名对人发火，怎么办？

生活中有这样一种人，当自己遇到不顺心的事时，常常对素不相干的人无端发火。有的人在家里吵了架，到外边也整天没好气，闹得周围的人不敢跟他接近。

动不动就对别人莫名地发火，这是一种很坏的习惯。它无缘无故伤害别人的感情，也使自己给人留下极其不好的印象。有人认为，心中有气发泄出来，可以痛快痛快。这其实是只见其一，不见其二。这种做法虽然可以使你感到一时痛快，但它并不是消气、解愁的好办法。因为你这个火发得不是地方，往往会造成旧气未消又添新愁的恶性循环。

常常对别人莫名地发火，也是不尊重人的表现。亲人之间，同学之间，朋友之间，是完全平等的关系。因为自己心情不愉快，就对素不相干的同学、朋友发火，是极不礼貌的行为。你可能一时痛快了，可这种痛快是建立在别人痛苦之上的。如果把你换个角度，有人对你无端发火，你会怎么想呢？所以，一个时时想着别人，处处体谅别人的人，即使自己心中不快，也不会迁怒于人，更不会把自己的不愉快甚至痛苦强加给别人。想要克服常常对别人莫名发火的坏习惯，怎么办呢？要做到以下几点：

一、提醒自己注意养成时时处处充分尊重他人的良好品质

无端发火，迁怒于人，是极不尊重他人的行为，是以别人作为自己平息怒气的宣泄物，与"尊重他人"的品质是不相容的。可见，平时注意自我的修养，学会对他人有礼貌、讲尊重，并形成自己性格的一部分，

便不易发生向他人发"无名火"的现象。我们同学日常可以多学习一些怎样正确对待他人的态度和方式并积极实践，建立起良好的自我形象，珍惜它，维护它，绝不破坏它。

二、不顺心时，注意自我分析，搞清楚原因，消除疙瘩，尽早走出恶劣的情绪，以免冲动易上火

有错受到批评，就应理解这是老师对你的负责和严格要求，今后努力改正也就是了，想通了就不会有后面的火气。还有如受到无端指责或伤害时，要学会寻求帮助（如向他人倾诉），重返心理平衡。对有些不顺心之事，则可豁达开朗一些，学会自我宽慰，告诉自己："谁也不可能事事称心如意"、"你不必太在意。"消除了发怒的根源，也就不会滥发"无名火"了。

三、学会合理宣泄，避免造成严重后果

有时心中怒气甚大，无法平息，这时便要注意尽可能通过正常的途径、合理的方式加以宣泄，及早使自己从愤怒的情绪中走出来，以免在愤怒之下不分对象、场合胡乱发泄，事后追悔不已。

四、一旦发了"无名火"已造成不良后果，则应尽可能去主动挽回

诚恳地向他人致歉，解释清楚自己发火别有原因并进行自我批评，请对方原谅，并经常用此教训告诫自己："不能让愤怒再造成类似伤害，不能再付出不愿付出的代价"，从而杜绝再犯。

当然，克服好发"无名火"的根本是使自己的心理素质、自我修养全面提高，就自然不会发生这种恶劣的、损害自身形象的行为。

看不起"乡下人",怎么办?

首先应当指出,这种嘲笑别人的思想意识是不可取的。因为乡下人与城里人之间的关系是平等的,不能因为自己是"城里人"就看不起"乡下人"。要知道,中国首先是一个农业大国,农村人口占全国人口的近3/4,是农民的汗水浇灌了庄稼,为城市提供粮食蔬菜,是勤劳的农民种植了棉花,给城里人遮体御寒;在中国5000年的文明史上,农民谱写的篇章同样占有极其重要的地位。"乡下人"有"乡下人"的长处,那些农田水利、种植养放的学问,我们一辈子也学不完;城里人有"城里人"的短处,只是自己不自知或不愿承认罢了。所以,看不起"乡下人",甚至嘲笑农村同学显然是错误的。

诚然,作为城市里的孩子,父母、学校、社会为我们的生活、学习,提供了优越的条件,使得我们享受得多,经历得多,知道得多,有很多方面是那些生长在农村的孩子,连想都无法想象的,但这能成为我们自鸣得意、瞧不起他人的资本吗?在我们所尽情享受的精神财富和物质财富里,有哪些是我们自己创造的呢?

是的,农村同学的身上可能确有许多让我们感到"土气"的地方,他们的穿着没有我们漂亮、时髦;他们的生活没有我们舒适、安逸;他们的言语没有我们丰富和生动,可这都源于他们生活的环境,而不是他们本身的错。我们有什么资格去嘲笑他们身上的"土气"?

并且,我们所嘲笑的"土气"中,有许多很可能就是那些被我们遗忘了的人类质朴、善良的本性。如果我们采用心理换位的方法,自己去体会一下做"乡下人"被人嘲笑的心情,又将作何感想呢?他们的吃苦

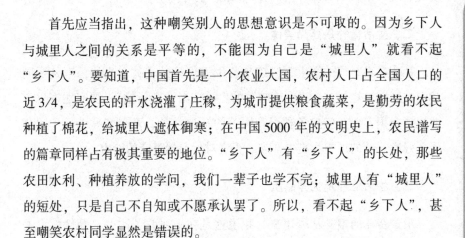

品德修养之知礼篇

精神、自理能力不更值得我们这些"城里人"好好学习吗？更重要的是，他们具有生活俭朴的优良传统、高尚美德和优秀品质。

一、生活俭朴是优良传统

在社会经济高速发展的今天，仍保持生活俭朴的自然美，是继承传统的表现，不必认为那"落后了"，跟不上时代了。

二、生活俭朴是高尚美德

社会主义时代的学生，应该具备生活俭朴的美德，当然，不是要同学们去穿破衣烂衫，去过吃糠咽菜的生活，当"苦行僧"。要有居安思危的忧患意识，要有应付各种艰难困苦的精神准备，否则容易滋长贪图享受、好逸恶劳的思想，丧失斗志、丧失对付突然事变的能力。

三、生活俭朴是优秀品质

艰苦奋斗的精神从哪里来？我说这是在平时吃苦耐劳、勤俭朴素的生活中磨练出来的。那些正在虚心学习雷锋"螺丝钉精神"、"钉子精神"的同学们也是会有这种体会的。让我们在蜜糖般的生活中，不要忘记过俭朴的生活；让我们在深入学习雷锋的今天，更好地学会过俭朴的生活。"在工作上，要向积极性高的同志看齐；在生活上，要向水平最低的同志看齐"，绝不要因为有人说你"土"而与爱打扮、讲吃穿、贪安逸、图享受的人攀比，绝不让虚荣心抬头！总之，生活俭朴是劳动人民优秀品质的具体表现，不是什么"寒酸相"或"土"！"清水出芙蓉，天然去雕饰。"人们赞颂朴素的自然美，崇尚朴素的自然美。

尊重别人，是处理人与人之间关系的重要准则。因此，我们要尊重农村来的同学，注意汲取他们身上可贵的质朴、善良的美德，做他们的朋友，各取所长，以求完善。

解决学生品德修养中经常遇到的问题

怎样尊重少数民族的生活习惯？

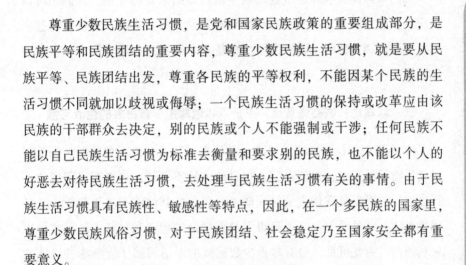

尊重少数民族生活习惯，是党和国家民族政策的重要组成部分，是民族平等和民族团结的重要内容，尊重少数民族生活习惯，就是要从民族平等、民族团结出发，尊重各民族的平等权利，不能因某个民族的生活习惯不同就加以歧视或侮辱；一个民族生活习惯的保持或改革应由该民族的干部群众去决定，别的民族或个人不能强制或干涉；任何民族不能以自己民族生活习惯为标准去衡量和要求别的民族，也不能以个人的好恶去对待民族生活习惯，去处理与民族生活习惯有关的事情。由于民族生活习惯具有民族性、敏感性等特点，因此，在一个多民族的国家里，尊重少数民族风俗习惯，对于民族团结、社会稳定乃至国家安全都有重要意义。

那么，作为学生我们如何尊重少数民族的生活习惯呢？

一、要充分认识尊重少数民族生活习惯的重要性

我国是多民族国家，有 50 多个少数民族。少数民族在形成发展过程中逐渐形成了自己的语言、文字、风俗习惯。它反映了民族的历史传统、生活方式和心理感情。所谓生活习惯，主要指少数民族群众的衣着、饮食、居住、生产、婚姻、丧葬等方面的习惯。这些习惯具有一定的文化内涵，是少数民族独特的生活方式，也是一民族区别于其他民族的标志，对一个民族的经济、文化、人们的生活、思想以及民族的发展进步、民族间的关系都有很大影响。少数民族对本民族的生活习惯有着特殊的感情，不容他人亵渎。不尊重少数民族生活习惯容易刺激民族感情、影响

83

民族团结，不利于各民族的共同繁荣。因此，我们要尊重少数民族的生活习惯。任何歧视、不尊重少数民族生活习惯的想法和做法都是错误的，都有害于民族团结、社会进步和国家繁荣。

二、要尊重少数民族生活习惯，就首先要了解熟悉他们的生活习惯

我们可以读一些介绍少数民族生活习惯的书籍和文章。我们还可以在跟少数民族朋友接触交往过程中留心观察、虚心求教，还可以通过旅游、参观、调查访问、影视作品、专题研究等方式方法多层次、多侧面地了解。

三、认真地、诚心诚意地、不折不扣地尊重少数民族的生活习惯

1936年红军长征经过四川凉山彝族聚居区时，由于彝族群众深受国民党反动派的压迫，对红军北上抗日的方针不了解，将红军团团围住不让通过。红军反复宣传党的民族政策，司令员刘伯承和彝族首领小叶丹喝鸡血酒，结拜兄弟，终于赢得了彝族群众的理解和信任，红军才得以顺利通过。由此可见，只有尊重少数民族的生活习惯才能加深各民族的相互了解和信任，促进民族团结，才能更好地维护国家的统一，推动"四化"建设的发展。

四、认真贯彻执行党的民族平等、民族团结的政策

我国宪法规定："各民族都有使用和发展自己的语言和文字的自由，都有保持和改革自己风俗习惯的自由。"因此，对少数民族生活习俗的侵犯，也就是对民族平等权利、民主权利的践踏。在我国加强法治建设的过程中，我们中学生应该成为学法执法的模范，带头尊重少数民族的生活习惯。

怎样对待家中来客？

现在的学生因为忙于功课或者从小娇生惯养，很少去关注父母或者他人是怎样招待客人这一重要的事项。以致于接待客人时，有些同学会在不知不觉中做出一些对别人不礼貌的举止。因此，在这里必须提醒同学们注意待客中常见的失礼举止。

一、迎客

家中应保持整洁，待客用的茶杯、茶盘、烟灰缸等要擦拭干净。条件好的，还可以准备些水果、糖、咖啡等。客人来了，不论是熟人还是第一次来的生客，都要热情相迎。如果是约定时间，应提前出门迎候。客人进门后，主人应立即停止手中所做的事情，上前迎接。见面之初，主人应与客人握手，并致问候。接下来，应给家里其他人介绍一下，并互相问候，请客人落座。夏天气候炎热，可递给客人一块凉毛巾，先擦擦脸或者送把扇子，除汗消暑。有条件的，应及时打开电风扇或空调。在冬季则应请客人到暖和的屋里，倒杯热茶。如果客人远道而来，要问问是否用过餐。

二、陪客

为客人敬茶，茶具要清洁，茶水要适量。茶叶太多则苦，茶叶太少则淡；水倒得太多容易溢出，水太少又难看。每次倒茶要倒八分满，以便客人饮用。端茶一般用双手，一手执杯，一手托底，不能用手指抓住杯口往客人面前送，这既不礼貌，又不卫生。续茶时，应把茶杯拿离茶桌，以免倒在桌上弄脏客人衣服。若有事情急办，可向客人说明，并请家人陪客，以免使客人被动尴尬。若又有新客人来访，应将客人互相介绍，一同接待。家里有客人时，家庭成员之间应该避免争吵。

三、留客

留客人吃饭，尽量在家准备；实在没有菜，再到饭馆去买现成饭菜，免得客人多心。给客人盛饭，要装八分满。给老人安排的饭菜，尽量照顾老人的口味和咀嚼能力。要给客人带来的小孩找些玩具、小人书、画册，以免他们"认生"、"哭闹"。留客人住宿，最好让客人单住，房间要收拾整齐，床上用品要舒适干净，并根据客人习惯选择合适的枕头。睡觉前要让客人熟悉电灯开关和方便的地方，以免夜间起来不方便。

四、送客

客人告辞时要以礼相送。送客时除了要说些道别的话，还要注意一些礼节。客人怕影响主人休息，急于告辞，应等客人起身后，再起身相送。送客一般应送到大门口。对地形不熟悉的客人，应主动介绍附近的车辆和交通情况，或送到车站。远道或老年客人，如乘火车或长途汽车，应代买车票，将客人送到车上。必要时，还要委托同路乘客或售票员帮助照顾。客人来访有时会带些礼品来，送客时应表示谢意，或相应地回赠一些礼物，绝不能若无其事，无动于衷。客人临别时，有时会遇到意外情况，比如天气突然变冷或下雨、下雪，这时应主动关心客人，拿出御寒的衣服或雨具给客人使用。对带行李较多的远道客人，应帮忙提送行李，陪送到车站、码头，并带上一些水果、点心之类的食品以表示心意。客人由于疏忽或其它原因，有时会忘记要办的一些事情，因此，起程前，可以提醒客人是否有东西遗忘，是否有事情没办。如果客人有事情相托，只要力所能及，应尽力办妥。

来了新邻居，怎么办？

　　随着经济的迅速发展，人民生活水平的日益提高，一幢幢新的住宅大楼拔地而起，越来越多的家庭乔迁新居。搬入新居以后，所面对的都是新的面孔。在陌生的环境中，如何去和新邻居交往呢？俗话说得好："远亲不如近邻，近邻不如对门"。搞好邻里关系，既能增加相互友谊，又有利于家庭生活，应该给予足够重视。

　　一、要主动去和新邻居中的每一个成员打招呼。讲究礼仪是中华民族的传统美德，向邻居打招呼是有礼貌、有修养的表现。与新邻居的首次交谈很重要，双方都会在首次交谈中形成印象，心理学上称为"第一印象"。良好的第一印象会给日后的交往创造成功的条件；恶劣的第一印象，也会给日后的交往带来不好的影响。主动去和新邻居中的每一个成员打招呼，打招呼时要微笑，要自然，让新邻居感觉到你的诚意和友善。对不同年龄和身份的人，打招呼的方式也不同，这样能显示出自己的知书达礼、温文尔雅，会给邻居一个较好的印象。

　　二、要主动关心邻居家的每一个成员，特别要关心新邻居的老人和孩子。邻居家庭的每一个家庭成员都是我们今后要交往的对象，友好的相处对大家都是件好事。对于邻居家的老人和孩子我们要尤其关注，具体要注意以下两点：

　　1. 当邻居家只剩下老人或孩子时，可以去邻居家串串门，陪老人说说话，替老人解闷；或给小孩子讲讲故事。适当的时候也可以邀请他们来自己家中玩玩。这样，与新邻居的进一步交往就开始了。有的时候，邻家的老人爱唠叨，小孩爱吵闹怎么办呢？对此应该设身处地体谅人家。

老人爱诉说，你可耐心听听，既能建立感情，又能更多地了解他们的家庭情况。对有病的老人，可提供一些治疗信息或土方。闲暇时，可与老人拉拉家常。这样，你在老人心中就会成为可亲近的人。你要看书，邻家小孩来吵闹，不可厌恶训斥，应以机智的话语引导："平平，你不是爱当警察吗？我有小军帽，小机枪，哒！哒！哒！冲啊……怎么样，拿着去玩吧！"孩子很高兴地走了，你也获得了清静的环境。

2. 要在交往中了解老人或孩子的喜好，如果你的喜好与他们有所不同，也应妥善地处理。例如老人喜欢古典戏剧，孩子喜欢打游戏机，而你并不喜欢，但最好表示出自己也有些兴趣，由于不精通，因而也就无法达到"很喜欢"的程度，让他们有机会向你介绍自己的兴趣所在，你也可以向他们讲讲自己的爱好特长。这样，就形成了气氛融洽的交流。

三、用实际行动让新邻居感受到你的热情和助人为乐的美德。例如，老住户虽然还不知道新邻居的姓名，仍应主动打招呼，问寒问暖："你是刚搬来的吧？""搬个家不容易呀，累坏了吧？"等等，主动打招呼，会使人感到热情开朗，感情的纽带便开始建立了。你可以顺便帮邻居拿牛奶、送信、提东西等，见到邻居家衣物飘落，或自行车停放不妥，应主动告之，总之要力所能及地帮助邻居。这样，新邻居就会从心底里接受你。

搞好邻里关系不仅有利于创造良好的居住环境，有益于身心健康，而且有利于促进社会的安全与稳定。让大家都来为社会的发展尽一份力，愿大家都和睦相处，友好往来。

不懂"串门"的规矩，怎么办？

年轻人正是精力旺盛的时候，谁不喜欢多交几个朋友呢？朋友之间的互相往来，对于交流思想、沟通信息、增进感情、促进学习，都是大有裨益的。可是，有的学生朋友却因为这件好事在发愁。他们也喜欢到朋友家去"串门"可是去了几次以后，就感到主人的热情在"降温"，有人甚至感到自己简直像个"不受欢迎的人"。这是怎么回事呢？

其实，道理也很简单；访友是一门学问，到朋友家"串门"也要讲规矩。这种规矩不是可有可无的繁文缛节，而是一个人文化素养、道德水准的外在表现。每一个当代学生，都应该懂得这些基本常识。

那么，访友做客时该注意些什么问题呢？我想，大致有这样几个方面：

一、要选择适当的时间

有的学生朋友认为，我和朋友关系不错，啥时候去跟他聊聊还不是一样？这种看法是欠考虑的。和朋友交谈是件好事，但它毕竟不能随心所欲，只应该在你和朋友都有闲暇的时候进行。你也许会有这样的体验：老师交给你的材料还未写好，你刚在桌上铺开了稿纸，却来了个朋友找你聊天，结果他谈了些什么你根本就没听进去。由此可见，访友做客一定要选择适当的时间，特别是要替人家考虑，尽量不要占用朋友的学习时间，做客不要过于频繁，时间也不要太长，以免给朋友带来麻烦，影响学习和休息。

二、要注意自己的举止

文明礼貌是每一个人都应当具备的基本素质，即使到自己的朋友家去"串门"，也不应例外。就拿敲门来说吧！有的小伙子上门做客，用拳头使劲捶门，甚至用脚去踹门，这样的"通知"方法只能使主人感到不快。还有的人在朋友家里高跷着二郎腿，旁若无人，甚至乱丢果皮、烟蒂，随地吐痰，这样的行为更会引起人家的反感。所以，我们应该使自己的举止文雅大方，妥贴得体。到别人家里去做客时，对人家的家庭成员，特别是长辈老人，要热情问候；对主人给予的招待，要及时道谢；要尊重别人家里的卫生习惯，不要给人家带来麻烦；如果你带着弟弟去

"串门"，就得告诉弟弟不要乱跑乱叫，不要翻动和拿走人家的东西，更不能随地大小便。这样做，才会使对方感觉到你对他的尊重。

三、要选择合适的谈话内容

朋友之间的往来，是建立在感情融洽的基础上的，朋友之间的交谈，也是一种平等的思想交流。所以，和人家谈话时，首先要耐心听取人家的意见，让人家把话讲完。如果自己有不同看法，也应该尽量用委婉的方式、和缓的口气讲出来，切不可当面就激烈地驳斥对方的看法，使主人在家里感到难堪。还须注意的是，除非特别必要，一般不要提及主人不愿谈起的事情。如果你要请朋友帮你的忙，如事情简单，你就不妨直言，无须拐弯抹角；如事情复杂、棘手，你可以先谈些相关的事情来探询主人的态度，这样，就不会使朋友感到过于为难。

"串门"的规矩还有很多，上面谈到的只是常遇到的一部分问题。只要我们注意了这些，就会使自己成为一个受人欢迎的人。

 怎样送同学生日礼物？

生日，对每个人来说都有着其特殊的意义，当生日蜡烛点燃的时候，意味着生命历程中又有了一个新的起点。因此，人们也就格外地珍视自己的生日。同学过生日，赠送礼物以示祝贺，也是必要的。但是很多同学一到这个时候就不知道送点什么礼物好，送的不合适了，怕同学不喜欢。那么到底送什么样的礼物好呢？

首先，应精心挑选生日礼物。既然要送生日礼物，就应该送得有意义、有价值，送得使同学称心。切忌随意乱买一些东西作为礼物。要想把礼物送好，前提是必须对同学的喜好有所了解。假如同学喜欢画画，不妨送些颜料、画笔、画册；假如同学喜欢音乐，不妨送些 CD、歌本、MP3 等；假如同学喜欢书法，不如送些名家大师的临摹贴；假如同学喜欢工艺品，不妨送些与生肖有关的精巧的饰物……总之，应该根据同学的爱好、性格，立足于同学之情，为同学精心挑选一种精美的生日礼物，最好是美观而又实用的。

其次，不能以价钱的贵贱来衡量礼物的好坏。在选择礼物的时候，应量力而行，不能大手大脚地乱花钱，与人攀比礼物的价格。俗语说，礼轻情意重。只要真心实意，把祝福带给同学，同学是不会在乎礼物价格的贵贱的。学生是消费者，应养成勤俭节约的好习惯，切不可因礼物的价格便宜而唾弃它，只要它精美，能代表你的心意，就是一件最好的生日礼物。

再次，可以想办法自己动手制作一件生日礼物。假如你能自己动手做一件生日礼物送给同学，那意义又是非同一般了。精心选择一些材料，发挥自己的聪明才智，构思一个精巧的生日礼物，岂不美哉！同学也一定会因得到你亲手做的生日礼物而感到由衷地高兴。那样，你会为生日宴会增加了一份喜悦。你不妨做个贺卡，买张厚而硬的纸，在封面上画出七彩的花边，象征着同学多彩的生活；设计一些具有浓郁节日气息的图案，代表着祝贺同学的生日；里面用多彩的画笔写上自己的贺词，再画上同学的肖像，象征你和同学间的友情地久天长。把这张贺卡送给同学，意义就非同一般。当然也可以亲自做个花结、背包、书签等，既方便又实惠，既送了一份真诚的贺礼，更博得了同学的称许，何乐而不为呢?

最后，在送礼物的方式上也可以做文章。是给同学一个惊喜，还是给同学一种温暖，都会让所送的礼物增加不同的光彩。具体要怎么做，要看过生日同学的具体情况。只要你平时注意这位同学的爱好和品性，稍微动动脑筋就可以让礼物送得有个性、有特点，博取同学的喜爱。

品德修养之知礼篇

品德修养之仁爱篇

怎样关心残疾同学？

残疾同学除了每天坚持学习，完成并不轻松的学习任务以外，同时还要忍受因残疾给他们的学习和生活带来的种种不便和痛苦。他们面对的困难比正常人要大得多，更需要得到同学们的关心和帮助。

要想关心和帮助残疾同学，就要先了解他们的心理特征。他们的心理特征主要有：

一、自卑和孤独心理

这是残疾人普遍的心理特点。由于生理上的缺陷，使他们在学习、生活和就业方面遇到诸多困难，得不到足够的支持和帮助，甚至遭到厌弃或歧视，因此产生自卑心理。这还会导致他们活动受限，无法进行正常的社交活动，缺少朋友，久而久之就会产生孤独感，这种孤独感会随着年龄的增长而逐渐增强。

二、敏感多疑、自尊心强

残疾状态会导致残疾人注意力过度集中，过多地注意别人对自己的态度，对别人的评价极为敏感。别人对其不恰当的、甚至是无意的称呼，都可能会激起他们强烈的反感。如果他们的自尊心受到损害，就会当即流露出愤怒的情绪。

三、抱怨心理

抱怨命运，认为天地之间，难以容身，人海茫茫，唯我多余。

四、情绪不稳定，但富有同情心

他们对外界反应强烈，容易与别人发生冲突。但残疾人对遭遇不幸的人却有特别深厚的同情心。他们较少与非残疾人交流，除了"话不投机"的原因外，还与交流不方便有关。

了解他们的心理特征之后，我们应该怎样关心他们呢？

一、我们要平等地对待他们，尊重他们的人格

残疾同学容易产生自卑感，觉得自己某些方面不如别人，因而他们往往又特别敏感。有时同学们言行稍有不慎，便会自觉不自觉地伤害了他们的自尊心。因此，在与残疾同学相处中，同学们应明白，残疾仅是他们身体的缺陷，不是他们的缺点。这种缺陷是他们无法改变，也不可能"改正"的，责任不在他们。他们以残疾的身躯承担了和我们同样重的学习任务，付出了比我们大得多的努力，他们身残志不残，勇敢地向命运挑战，应该值得我们学习和敬佩。

二、在思想上要与他们多交流、多沟通，做他们的知心朋友

残疾同学的身心压力一般比正常人大，痛苦也多，对别人的戒备心

品德修养之仁爱篇

也比较强。他们一般不大会主动与同学交朋友，唯恐遭到冷遇。因此，同学们要主动与他们接近，敞开心扉，与他们多交流、多沟通、遇事多为他们着想，做他们的知心朋友。

三、要根据他们的需要，及时地给予各种形式的帮助

帮助残疾同学要根据他们的需要去做，不可事事包办、代替，那样反倒会适得其反，伤了他们的自尊心。例如，对行走不便的同学，可根据他们的具体情况，用自行车接送他们上学、放学；或帮他们背书包，陪他们一道步行；背他们过河，搀扶他们上下楼梯等。需外出集体活动时，也尽可能地接送他们一起参加，使他们感受到集体的温暖；对手不方便的同学，可帮他们削铅笔、吸墨水、拿物品等。平时，要注意做好周围同学的思想工作，动员大家一起来帮助残疾同学，从而形成一种良好的班风，使残疾同学生活在一个温暖的大家庭中。

四、要坚持正义，主动维护残疾同学的合法权益

有一些人的道德水平不够高，他们对残疾人抱有歧视和偏见，使残疾人的人格和合法权益不能得到充分尊重和保障。因此，我们见到有人对残疾同学不够尊重，甚至有侮辱性的言行时，要挺身而出，申张正义和公道。对有损残疾同学合法权益的事情要坚决斗争，同时要向有关人员和单位宣传《残疾人保护法》，保护残疾同学的合法权益。

 帮助残疾人反遭误解，怎么办？

为残疾人排忧解难，已成为新一代的学生向社会奉献爱心的具体行

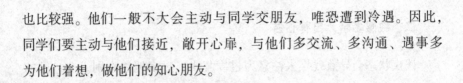

动。在福利院里，在康复中心，在大街小巷，不时可以看到同学们帮助残疾人的身影。社会对这种高尚之举给予了高度的评价。然而，也有一些同学帮助残疾人却反遭误解，甚至受到残疾人的误解，遇到这种情况，该怎么办呢？

一、要宽容大度，不要耿耿于怀

残疾人明白自己受身体条件的局限，自我保护能力较差，因此他们对别人的戒备心理较强。他们中有些人因行动不方便，生活面狭窄，接触外界的机会较少，又易形成较"怪癖"的心理；有的因上过当受过骗，"一朝被蛇咬，十年怕井绳"；还有的曾受到过一些冷遇或歧视……特殊的处境使他们形成了的特殊心理。因此对他们要多一些理解，多一份爱心。受到了他们的误解，要宽容大度，不要耿耿于怀。

二、要不厌其烦，多做解释工作

对于性格较内向"疑心"较重的残疾人，解释工作尤为重要。如你去帮助某户残疾人打扫卫生，可先作一番自我介绍：姓甚名谁，家住何方，哪个单位，来此何干，拿出学生证，请出介绍人，他必定疑虑全消，误解怎会产生？如果有了误解，也不要紧，只要耐心解释，诚心诚意地帮助，再多的误解也会消除。

三、真心相待，持之以恒

俗话说："路遥知马力，日久见人心。"你可能被别人误解一时，但不会被误解一世。这可能会是一个相当长的过程，但只要我们坚持以恒，最终将消除误解。只要你对残疾人真心相待，处处为他们考虑，常常帮他们解难，你的一片真情定会换来他们的无限信任。即便一些人喜欢无事生非，无端猜疑，你只要坚信身正不怕影子斜，又何必去在意他人的误解呢？

品德修养之仁爱篇

四、要注意方法，尽量避免误解的产生

帮助残疾人，不仅要有热心、爱心，更要注意方法。方法得当，可以避免误解的产生。例如，一位盲人提着大包十分吃力地在街上行走，你热心地跑上前去，抢过大包就要送他，此时，他不大喊"抓强盗"才怪呢！正确的方法是，上前询问他要到哪里去，是否正需要你的帮助，征得同意后，你可一手提着大包，另一只手扶着他一同前往。要根据他们的需要给予帮助，而不应该强迫性地给予帮助或者其他不适当的帮助。

总之，残疾人要适应别人的帮助，需要一个心理的适应过程。只要我们宽容大度，不计较他们一时的误解和抵触情绪，用真诚不断去感动他们，不厌其烦地去跟他们沟通解释，再注意帮助他们的方式方法，就一定能获得他们的信任，并与他们和谐相处。

不懂得宽容、善待他人，怎么办？

有不少青少年朋友，常常为一点小事斤斤计较，闹得脸红脖子粗。这种缺乏宽容的态度，不利于同学间和睦相处，不利于人际间的正常交往。

学会宽容别人首先要有乐观的心态，一个悲观的人总是很容易想到事物不好的一面，而且心情比较压抑和郁闷，所以总会对别人不满或者生气。虽然有的人平时挺乐观，可是一旦遇到什么事情就悲观起来，这也不算真正的乐观。真正的乐观是不论在什么时候都可以给自己鼓励和希望，并且相信自己。

当然要想获得宽容，也离不开共赢观与换位观的树立。共赢观简单来讲就像一句广告语中所说的"大家好，才是真的好！"这是对过度竞争

观的否定，是一种真正的集体主义。我们需要宽容同学，宽容自己的竞争对手。林肯总统对竞争对手以宽容著称，后来终于引起了议员的不满，议员说："你不应该试图和那些人交朋友，而应该消灭他们。"林肯微笑着回答："当他们变成我的朋友，难道不是正在消灭我的敌人吗？"林肯总统的话一语中的，多一些宽容，公开的对手或许就是我们潜在的朋友。

而换位观则需要我们换位思考，进行角色的转换。换位思考的实质，就是设身处地为他人着想，即想人所想，理解至上。同学的交往若产生了磨擦，应当把自己和对方所处的位置关系交换一下，站在对方的立场上，以他的思维方式或思考角度来考虑问题。这样，当你本来想发怒的时候，通过换位思考，你的情绪就会变得平静下来；当你觉得对方不可理喻的时候，通过换位思考，你会真切地理解他此时此地的感受；通过换位思考，你也会变得宽容。

其实，宽容别人也就是宽容我们自己。多一点对别人的宽容，就使我们生命中多了一点空间。人生活在社会上，不可能孤立地存在，要和许多人打交道，包括家人、朋友、同学、同事、陌生人。我们必须时刻融入到社会这个大家庭里，才会感到幸福，才能生活得更有价值。人要实现自身的价值，要让自己活得更有意义，就必须不断地与身边的人相处，而与他人相处最好的方式是善待他们，不断地去适应他们的变化，这也是宽容的主要表现。

一、要善待身边人，就要宽容。人难免有一时失误或一念之差做错事的时候。要善待他（她）、宽容他（她），容许他（她）改正错误，他（她）就会心存感激，有机会就会回报于你，你的朋友就会越来越多。

二、善待身边的人，就要关心他（她）的需要，并尽量帮助他（她）得到满足。

三、善待身边人，在精神上就要使之愉悦，杜绝家庭冷暴力之类的现象。平时多用赞美、肯定之词，多发现对方的闪光点，并肯定之。

四、交朋友要由浅入深，对双方关系的亲密程度有个正确认识，对朋友有个认识甄别过程。有的人一见面就不分彼此，后来发现有意见相左的地方又纠缠不清，闹得不愉快。所以，交朋友宁愿彼此保持距离，客客气气的，也别开始很好，后来又打仗。

不会安慰别人，怎么办？

当朋友伤心难过时，很多人要么好言相劝"别哭了，坚强点儿"，要么帮助分析问题，告诉朋友"你应该怎么做"，还有人会批评对方"我早就给你说过……"。其实，这些做法不仅不能使人得到安慰，还会使对方更加伤心。因此，安慰人也要讲心理技巧，要根据对方的心理活动，给予最贴心的抚慰。

一、要倾听对方的苦恼

由于生活体验、家庭背景、人生经历等不同，形成了每个人对于苦恼的不同理解。因此，当试图去安慰一个人时，首先要理解他的苦恼。安慰人的时候，听比说要重要。一颗沮丧的心需要的是温柔聆听的耳朵，而非逻辑敏锐、条理分明的脑袋和伶牙俐齿。聆听是用我们的耳朵和心去听对方的声音，不要追问事情的前因后果，也不要急于做判断，要给对方空间，让他能够自由地表达自己的感受。聆听时，还要感同身受，让对方能察觉到我们内心的波动。如果我们对他的遭遇能够"悲伤着他的悲伤，幸福着他的幸福"，对被安慰者而言，这就是给予他的最好的帮助和安慰。还要允许对方哭泣。哭泣是人体尝试将情绪毒素排出体外的一种方式，而掉泪则是疗伤的一种过程。所以，请别急着拿面巾纸给对方，只须让他知道你支持他。

二、要接纳对方的世界

安慰人时最大的障碍，常常在于安慰者无法理解、体会、认同当事人所认为的苦恼。人们容易将苦恼的定义局限在自我所能理解的范围中，一旦超过了这个范围，就是"苦"得没有道理了。由于对他人所讲的"苦"不以为然，安慰者往往容易在倾听的过程中产生抗拒，迫不及待地提出自己的见解。因此，安慰者需要放弃自己根深蒂固的观念，承认自己的偏见，真正站在对方的角度去看他所面临的问题。心理专家说的"放下自己的世界，去接受别人的世界"，就是这个道理。最好的安慰者，是暂时放下自己，走入对方的内心世界，用他的眼光去看他的遭遇，而不妄加评断。

三、要探索对方走过的路

安慰者常常会感到自己有义务为对方提出解决办法，帮助对方找到应该走的路。殊不知，每个被苦恼折磨的人，在寻求安慰之前，几乎都有过一连串不断尝试、不断失败的探寻经历。所以我们所要做的应该是，思考对方走过的路，了解其抗争的经历，让他被听、被懂、被认可，并告诉他已经做得够多、够好了，这就是一种安慰。

心理专家提醒安慰者一个重要的观念："安慰并不等同于治疗。治疗是要使人改变，借改变来断绝苦恼；而安慰则是肯定其苦，不试图做出断其苦恼的尝试。"实际上，在安慰人的过程中，所提供的任何解决方法都很可能会失灵或不适用，令对方再失望一次，故而应不加干预、不给见解，倾听、了解并认同其苦恼，是安慰的最高原则。

另外，陪对方走一程也是一种安慰。对方会在你的陪伴下，觉得安全、温暖，于是倾诉痛苦，诉说他的愤恨、自责、后悔，说出所有想说的话。同时可以为对方打几通电话，连结人脉；也可以找相关的书籍给他阅读；或是干脆提供一个躲避的空间，让他得以平静地寻找自己的答

案。当他经历完暴风雨之后，内心逐渐平静下来，坦然面对自己的遭遇时，他会真心感谢你的陪伴。

"人缘"差，怎么办？

每个人生活在社会中，都希望得到大家的友谊、支持和帮助。同学们在校园、班级中生活，也希望这样，可是并非所有人都能得到。有的同学在班级中如鱼得水，而有的同学形单影只，没有人缘。

所谓人缘，就是一个人的群众关系。一个人在社会中生活，总希望得到别人的友谊、支持和帮助，而这首先要有一个好的人缘。一个人的群众关系的好坏，原因不在别人而在自己。群众好像一面镜子，一个人在这面镜子里的形象如何，完全是他自己言行效果的客观折射。言谈话语中流露出傲气，大事做不来，小事又不愿做，脏活儿累活儿不沾边，有些娇气，这样的人，别人当然不会买你的账。一个人的人缘好不好，实质上是他的价值被别人承认到何种程度。我们不能小看这个问题，它关系到一个人的前途和事业。因为，任何人离开了人们的支持，只能是一事无成。

要做到人缘好，并不是很难的，只要从以下几方面努力，一定会收到好的效果。

一、矛头对准自己

客观、冷静地分析问题究竟出在哪些方面。是否是个性上的问题，比如不大合群，喜欢独处因而长期疏远了他人？是否有娇、骄二气，引起别人反感因而使别人疏远你？是否有点儿自私、爱占小便宜，大家对你有看法不愿与你交往？是否说话做事不慎，比如，好冲动，使他人不愿意答理你？

二、针对自身问题，从现在做起

针对个性问题，推动自己积极投身于集体之中、活动之中；针对娇气、骄傲自满的毛病，相应地锻炼、克制、消除；针对自私心理，加强道德感的培养、学习，将"我"放到班级、学校、社会去体验；针对说话做事的简单冲动，加强自身修养的磨练。以上这些可以制定计划去落实，并可以请外界监督帮助自己改正。

三、与人为善，善待他人

不是虚伪地讨好，而是真诚的善意。善意地看待和对待他人，发现他人的好处、长处、优点，好言人之善，学会赞扬别人，学会用信任去赢得信任。一个"善"字定下了人缘之所以好的基调。你的善意也会相应地使大家产生对你的善意，愿意接近你、信任你、与你交往，人缘就产生了。你周围人缘好的人正是这样做的。

四、关心他人，乐于助人

人缘好的人也必然是通过他的积极行动，表明大家都需要他、而他也乐于付出。那种对他人、对集体抱冷漠态度、绝不为别人做一点事的人，是不会有好人缘的。在对他人的关心、帮助中体现了你的价值，证明了你的为人，这就会产生一种自然的趋向，人们都喜欢你、喜欢与你在一起。为他人、为集体多做贡献吧，他人和集体绝不会忘记你的。

五、对自己的内在、外在形象进行塑造也很重要

你在这个圈子里某些方面很出众，学识才能很高，对待实际问题很有办法，言谈举止自有一种魅力，当然会促使周围人们和你接近，有利

于你扩大人缘。因此同学们要很好地塑造自我形象，丰富充实自己，当然这同时切忌自满自傲。

人缘的好坏，关系到我们现在和未来（指进入社会）的地位、前途和事业，愿每个同学都以你的良好思想言行去获得好人缘。

怎样珍惜和表达友谊？

有句话说得好，千里难寻是朋友，朋友多了路好走。有不少同学渴望友谊，爱交朋友，但他们往往不懂得珍惜友谊，结果使得自己的朋友越走越远。

人是群居动物，我们生活在群体中，总希望有更多的朋友支持、帮助，使友谊之树常青。要做到这一点，你就得待人热情，乐于助人。任何人在生活的道路上都会遇到挫折，都会有困难，但是别人的困难，对你来说也许只是易如反掌的事。这个时候伸出你的援助之手，用真诚的帮助去感化你身边的同学，相信你一定会收获一份终生受益的友情的。任何一个肯关心、帮助别人的人，都能赢得别人的尊敬。另外，谦虚谨慎、尊重别人是友谊之树常青的保证。那些目空一切的人，谁还愿与他交朋友？放纵任性、容不得人、斤斤计较是友情的大敌，没有人愿意和一个随心所欲、吝啬、妒忌心重的人交往！愿你以诚待人，乐于助人，谦虚谨慎，戒骄戒躁，赢得长存的友谊！

青少年朋友之间经常通过语言和行动来表达彼此的友谊，有利于保护和发展彼此之间的感情。但是，该如何表达彼此之间的友谊呢？

有的同学见朋友与别人发生了矛盾，为了表示自己够朋友，不由分说，上去就把别人"教训"一顿；有的同学知道朋友犯了错误，当老师调查到他头上时，他为了表示"够朋友"、"讲义气"，帮朋友隐瞒错误；考试时，见朋友不会做题，为了表示友谊，帮助朋友作弊，如此等等。这些，都不是真正的友谊，结果只能害了自己的朋友。

朋友之间表达友谊，应注意以下几点：

一、当朋友取得成绩或做了有利于他人和集体的好事时，为他感到高兴，并向老师汇报，建议老师在班级上对其进行表扬；当朋友受到表扬时，及时向他表示祝贺。

二、当朋友犯了错误时，应坦率、真诚地向朋友指出，帮助朋友终止正在犯的错误；朋友犯错以后，我们应该大胆地对其进行批评，敢于做"诤友"。

三、当朋友有困难时，我们应主动热情地给予帮助。例如：朋友是班干部，我们积极协助他抓好工作；朋友如果学习遇到困难，我们应诚心诚意地帮助他提高学习水平，鼓励他树立信心；如果朋友是残疾同学，我们就坚持为他提供各种方便；如果朋友生病了，那么，我们可以带上一束鲜花，去鼓励他战胜疾病；如果朋友家中遭遇到不幸，我们可以细心地了解情况，关心他、安慰他，还可以走访到他的家庭，同他的家人交谈，给予安慰。

四、当朋友同其他人产生矛盾纠纷的时候，我们应及时进行调解，使他们消除矛盾。绝不可以在朋友面前搬弄是非，攻击朋友的对立面，那样只会使问题更难解决。

五、当朋友误解你时，你应能给予宽容，坦率地加以解释。如果不行，还可以请老师或其他同学帮忙做工作。总之，要避免激化矛盾。不能采取"你不同我好，咱们就拉倒"的消极办法。反之也一样，当朋友对你产生看法的时候，不要闷在心里，也不要乱猜疑，而应及时同朋友交换意见，通过坦率、诚恳地交谈，消除误会，消除隔阂，使你和朋友间的关系更为密切。

与他人发生了争吵，怎么办？

 解决学生品德修养中经常遇到的问题

在社会中生活，难免不与人发生争吵。但争吵往往深深伤害彼此之间的感情，不利于团结友爱，甚至带来严重的社会后果，破坏了社会的和谐。因此，青少年学生尽量避免和身边的人发生争吵，如争吵已经发生，要尽力去弥补，要尽自己最大的努力来妥善处理。可以通过以下的方式：

一、正确认识

青少年朋友"血气方刚"，遇事容易发火，常引发争吵，这几乎是我们学生的"通病"。青少年朋友为什么容易发火呢？这应当从生理、心理发展来分析。从生理上看，青春期阶段正是一个人各种腺体分泌旺盛的时期，它们具有促使人感情剧烈波动的作用。从心理上分析，年轻人特别看重伙伴和友谊，他们渴望得到伙伴的承认和尊敬。这就驱使他们，在任何场合中，都尽可能表现出勇敢、坚定而不甘退缩。因此，学生中出现"逞强好胜"的毛病，就不足为奇了。

二、冷静选择

一位名人说过："从来战争里就没有真正的赢家，总是两败俱伤。"争吵也是这样。既然如此，我们为什么不选择好的结局呢？当代作家刘心武建议人们："在人际碰撞中要学会合理、必要、及时的妥协，掌握一门妥协的艺术。"我们这些年轻气盛的学生，就更应该努力战胜自己生理、心理的"毛病"，去积极地研究这门"艺术"了。

三、掌握"艺术"

怎样才能使争吵合理地解决呢？这需要我们掌握一些解决争吵的"艺术"。

1. 求同存异。争吵有时是由于意见分歧引发的。在这种情况下，要建议对方，暂时避开某些分歧点，寻求某种共识，以达到冲突的逐步解除。

2. 主动谅解。当引起争吵的责任和原因主要在对方时，我们就要有"高姿态"，采取主动谅解的方法来化解矛盾。发生争吵之后，不管自己是否有道理，主动向对方道歉。一些人会觉得这样自己很没有面子，其实不然。如果道理在别人一方，我们应该道歉；如果道理在我们一方，我们进行道歉不仅显示出自己的宽容，也给别人一个台阶下。所以，只要主动道歉，我们不仅能得到周围人的欣赏，还能将与自己争吵的人变为自己的一个好朋友。

3. 澄清事实。争吵有时是由于误解造成的。在这种情况下。我们就要向对方当面讲明事情的真相，解除已有的误解，使矛盾得以解决。如果此时对方十分激动，我们最好保持沉默，让朋友把要说的话说完，并且不要当中插话，面部表情也要尽量放松，待他冷静之后再行解释，消除误会。

4. 诚恳认错。在争吵的过程中，如果你认识到，争吵是由于你的过失或你的责任所导致的，那么，你就要勇敢地承担责任，诚恳地向对方赔礼道歉，求得对方的谅解。切忌为了"面子"，死不认错。某位哲人说过："我能想象到的人的最高尚行为，除了传播真理外，就是公开放弃错误。"当过错主要在自己一方时，我们为什么不采取这种"最高尚行为"呢？

争吵的处理得当与否，对我们同学自身、对所涉及问题的解决、对我们的人际关系都是至关重要的，同学们要留心于此。

碰到有人向我乞讨，怎么办？

在繁华街道、闹市区、商业区，甚至在自家的院门口，时不时能够看到乞丐的身影。那些乞丐，有些惹人烦，不给钱不走；有些身有伤残，看上去蛮可怜；有些以卖艺为生，靠自己的歌声来讨些钱；有些编些让人真假难辨的故事，以获得人们的同情心；还有些孩子小小年纪，就沦落街头，让人看了心酸……同学们如果碰到有人向你乞讨，应该怎么办呢？

一、对老弱病残者，要有一份同情心

乞讨者有的身患残疾，没有工作能力，有的年迈体弱，却无人照顾，生活都难以自理，不得已以乞讨为生。无论如何，在他们的生活一时还没有保障，甚至达到饥寒交迫的程度的时候，我们要有一份同情心。因此，如果遇到像这样一些老弱病残的乞讨者，给予他们一些帮助也是合情合理，理所应当的。

二、对临时有急难者，可给予一些援助

出门在外，很多事情都不可预料。遇到突发事件或者被坏人算计，一时生活没有着落也是很有可能的。例如，有些人或财物被窃，或亲人突患急病，又举目无亲，陷于孤立无援的境地，不得不暂时乞讨。对这种人我们也应该富有同情心，毕竟大家都有落难的时候，因此，也要真诚地给予他们一些援助。

三、对街坊邻居中受家庭成员虐待而乞讨者，要主持正义

有些人因丧失劳动能力，受到缺乏公德的家庭成员的虐待，不得不以乞讨为生。对这样的人不仅要给予经济上的帮助，还应主持正义，帮他们向有关部门反映，制止这种虐待行为。

四、要增强辨别能力，善于识破各种行骗者

不可否认，在乞讨者中也混杂着相当一部分好逸恶劳的行骗者。他们利用人们的同情心想不劳而获，甚至把乞讨作为致富的门路。对这部分人要善于识别，不要上当受骗，对其中的违法者，还应及时向有关部门报告。

对付行骗者的具体方法有：对强要硬讨者，非善良之辈，要设法摆脱；花言巧语者，说得越天衣无缝，越不可信，可不予理睬；对多次碰到的熟面孔，不必给予帮助；身强力壮，可以凭力气谋生者，也不必给钱给物；对东张西望，结帮成伙，以乞讨为掩护，或顺手牵羊，或伺机作案者，要提高警惕，如有必要，应立即向有关部门报告。

总之，作为学生，我们一方面要有同情心和爱心，去帮助那些确实需要帮助的行乞者，让他们感受到社会的温暖，渡过一时难关。另一方面也要警惕那些不劳而获，甚至坑蒙拐骗的行为，不可任其猖獗发展。

帮助了别人得不到回报，甚至被别人误解，怎么办？

人和人之间少不了相互帮助。受到别人的帮助理应感谢别人，同样

品德修养之仁爱篇

自己帮助了别人，也希望得到别人回报，这是人之常情，是一种正常的心理状态。但往往事与愿违，在实际生活中，有时会出现自己帮助别人后并没有得到别人的回报，因而会产生心理不平衡，怎么办呢？

一、要明确自己帮助别人是为了解决他人之忧，同时，也提高了自身的道德修养，得到心灵的安慰，而不是为了贪图别人的回报。当看到别人有困难需要援助时，自己如果撒手不管，过后总会感到内心不安。如果不存在助人的条件，倒也罢了，假如明明能够帮助却没有去做，自己会受到良心的谴责的。看到别人在自己的帮助下顺利渡过了难关，往往比自己战胜了困难还高兴。这就是人们常赞美的品德——助人为乐。

二、要想到自己虽帮助了别人，但却是微不足道的，因为自己也常受到别人的帮助。一个人的成长，总是处在一种社会间的"我为人人，人人为我"的氛围中。老师、同学、朋友及许多素不相识的人，在直接或间接地帮着我们。这不一定能被我们直接感受到。你如能体会到这些，那就不仅不会计较他人是否回报自己，还会感觉到身处人帮我、我助人的氛围中的无穷乐趣，社会空间在这里净化，人类的互助互爱是多么可爱和重要。

还有一种情况是，为别人做了好事，反被别人讥笑，说你是"出风头"。因此，有些同学总结出一句话："好人做不得。"以后再也不帮助同学，再也不伸出友谊之手。久而久之，却把自己培养成了一个自私的人。其实，这是一种消极的心理状态，是不断完善自己的巨大心理障碍，严重一点还会导致一个人心灵扭曲。

首先，一个道德修养好的人，应富于同情心和友爱心。只要别人有困难，就应该毫不犹豫地伸出友谊之手，而不是想得到什么回报，存有什么奢望，应该把为别人做好事看作是应该的，把它作为一种快乐。

其次，要有宽容的态度。对一些为别人做了好事，反遭怪罪的"好心没好报"的事，得先检查一下自己，是不是帮了倒忙，给别人带来了麻烦，如果是这样，就应该向别人道歉。不要认为自己是好心，即使做坏了事也是好意。你应该吸取教训，以后不要再做这种事。如果确实是为别人做了好事，对方不但不领你的情，反而以某些原因怪罪你，你也不必计较，因为你本来就不是为别人领情而做好事的。至于那些讽刺、挖苦别人做好事的人，你就更不必理睬。因为这些人本身缺乏道德修养，他们缺乏同情心和友爱心，他们生怕别人做了好事会受到表扬和宣传，可自己又不愿意为别人做一点牺牲。因此，就在背后说三道四，讽刺挖苦别人。对这种人，你如果计较的话，岂不降低了自己的人格？

总之，帮助别人不图回报是一种美德；帮助别人引以为乐是良好素养，社会需要人们相互关心，互相爱护和互相帮助，从"把关心留给他人"出发，让助人为乐精神在人们心中生根开花。只要你认定自己做的是有益于别人的事，就不要在乎别人的态度。只要心胸坦荡，言行磊落，完全可以我行我素。时间一长，别人都会理解你、赞美你。

怎样纠正强烈的"以自我为中心"的意识？

首先，要认识到具有强烈的"以自我为中心"的意识，是十分有害的。这种思想意识，会使人在对待任何事情上都以自我为中心、以个人利益为半径去判断是非得失，发展成极端的个人主义、自私自利的行为。它容易损害自己同他人的友谊，容易损害他人和集体的利益，最终损害自己的成长和发展，损害自己的利益，有百害而无一利。因此，必须加以纠正。

其次，要摆正个人在集体、社会中的位置，处理好个人与集体、社会的关系。以自我为中心而不顾他人和社会，这无形中把自己孤立于集体和社会之外。我们知道，人是社会的人，人不能脱离集体和社会，离开了集体和社会，个人的才华是不能发挥的，也无法生存下去。这就如同树叶与树根一样，根深才能叶茂，叶茂才能促进根深，树根离不开树叶，树叶更离不开树根，二者相互依存，相互促进。社会是由人组成的，社会需要人，但人更离不开社会，这是因为：

一、人的生存和发展都是在社会的支持下实现的

人类生存需要各种生活资料和其他物质资料，这些东西主要不是自己创造的，多数是靠社会提供的。没有社会的支持，人就不能生存，更得不到发展。人为了生存就必须要制造和使用劳动工具进行生产劳动，劳动本领不是生而知之的，而是在他人的帮助下、培养下才能学会，而且人不是单个孤立进行生产的，是在社会的配合支持下才能进行的。

二、人只有在集体和社会中，才能发展和发挥自己的聪明才智

人们的才能是社会、集体智慧的结晶，没有前人的实践、探索，没有前人对后人的传授、教导，就没有人的聪明才智，离群索居是不行的。人的才智也只有在集体、社会的帮助下，才能发挥作用。有名的演员，只有在众多的配角和舞台工作人员的配合帮助下，才能显示才华。因此我们时刻要牢记自己是社会的普普通通的一员，做任何事情不能仅仅考虑个人，更不能凌驾于集体和社会之上，应将个人利益与集体、社会的利益联系起来考虑。这样，我们看问题的出发点就不可能还是以自我为中心了。

三、要和利己主义的人生观作斗争，克服患得患失心理

改革开放、国门打开，剥削阶级的腐朽思想也乘虚而入，致使有些人把个人利益绝对化，一切"向钱看"，把"对我有利的就干"、"不占便宜等于吃亏"作为自己的生活信条，损人利己，损公肥私。而对社会对人民有利但自己捞不到好处的事就不干。应当讲，这是极端的利己主

义者的人生观，和我们的时代步伐背道而驰。

四、向雷锋式的英雄人物学习，努力提高自己的思想素质

雷锋是人们尊敬和爱戴的英雄，他虽然没做出什么惊天动地的大事业，但他的一生是光荣伟大的，他的精神激励了一代又一代人。雷锋心里想到的不是自我，而是他人，想到的是全心全意地为人民服务。榜样的力量是无穷的，向这类人物学习，对于我们改正以自我为中心的意识无疑也是有利的。

只要我们做事多从大局考虑，多为集体着想，正确摆正集体和个人的关系，在两者利益不能兼顾时，宁可牺牲自己的小利益。如果有了这样的境界，那么我们也就纠正了"以自我为中心"的意识。

想帮助学习差的同学，但怕别人讥笑，怎么办？

一个班级学生的学习成绩总会有好、中、差之分，学习差的同学毕竟是少数。学习差是由多方面的因素造成的，一般有以下几个方面原因：①学习目的不明确，缺乏内在动力；②学习时思想不集中，导致观察力、理解力不强，直接影响记忆的效果；③学习方法不正确，抓不住重点、要点，概括能力差；④没有养成良好的学习习惯，在学习遇到困难时又缺乏毅力和韧性。

学习差的同学无论在学校，还是在家庭中，时常会受到冷遇。周围的环境，很可能使他们产生自卑感、自暴自弃的消极情绪。他们渴望别人的关心和帮助，希望自己有朝一日能扔掉"差生"的帽子，但又缺乏

自信心，往往处于矛盾的心理状态之中。这就需要学校和家庭能为他们创造一个催人奋进的环境，调动他们的积极因素，树立自信心，奋起直追。

做好学习差的同学的转化工作，帮助他们消除自卑感，建立自信心，找到正确的学习方法，不仅是老师和家长的责任，而且每一个同学都有一份责任。因为"一花独开不是春，百花齐放春满园"。

在帮助学习差的同学时，难免会出现个别人的讽刺、挖苦，面对这种状况，该怎么办呢？

一、不予理睬。"走自己的路，让人家去说吧！"只要自己所做的事对集体、对他人有益，那么就心安理得，正所谓"心底无私天地宽"。

二、帮助学习差的同学，要坚持脚踏实地，持之以恒。帮助他（她）们重新树立信心，发挥长处，克服不足，养成良好的学习习惯。

三、通过自己诚心实意地帮助，一段时间以后，学习成绩差的同学总会有一定的收获。事实胜于雄辩，说风凉话的人自会心服口服。自己以实际行动帮助了学习差的同学，也教育了周围的人，可谓一举双得，于集体、于他人都有好处，自己也得到了锻炼。

"敬老节"到了，怎样组织献爱心活动？

尊敬老人是中华民族的传统美德。老人们几十年如一日，为家庭、为社会、为民族奉献了自己的力量。全社会都有敬重老人，祝他们健康长寿，帮他们安度晚年的美好愿望和义务。"敬老节"就是其表现形式之一。

在敬老节到来之前，组织一次献爱心活动是十分必要的，这是我们学生弘扬民族文化传统的表现。我们可以组织多种服务活动，安排多样的文娱活动，还可以利用重阳节的风俗向老人们祝福并表达敬意。

一、组织服务活动

到敬老院或者鳏寡老人、老工人、老劳模、老干部、老教师或百岁以上的老寿星家里拜望，打扫卫生，整理环境，帮做家务等，特别要关怀那些鳏寡孤独老人，他们是社会的一个弱势群体，他们无儿无女，无依无靠，饱尝人世间的辛酸，过着凄凉的晚景。我们要把他们当做自己的亲人，亲切的话语，温暖的问候，都会使他们感到欣慰而开心。

二、组织文娱活动

老人们日常的生活可以说是十分平静而寂寞的，儿女忙于工作，自己活动又不太方便，所以往往在一个狭小的空间内生活，没有欢乐和朝气。借节日我们可以精心选排文艺小节目，如唱歌、跳舞，活跃他们的生活气氛。在活动中，要积极让他们参与进来，即使只是拍拍手，散散步，也会让他们感受到久违的愉悦。与此同时，我们要注意衣着打扮，要干净得体、鲜艳多彩，形成喜庆的节日氛围。

三、利用重阳节的风俗习惯开展活动

重阳节的风俗很多，主要有登高远足、吃重阳糕、门插茱萸、观赏秋菊等。登高可视老人的身体状况量力而行，能者则扶其登高览胜。重阳糕制作精细，可用来孝敬老人，表示祝福。九九重阳正值金菊开放之时，"世情儿女无高韵，只看重阳一日花。"赏菊、品菊、吟诗情趣无限。

另外，无论做什么活动，我们在与老人们相处过程中都要保持一份关心和尊敬，当然，最好的方式就是谈谈心了。可以询问他们近来的身体状况、饮食情况，也可以讲述一些我们生活中遇到的新鲜事等，达到沟通感情的目的。

总之，要精心组织，充分安排好各种活动，不仅要使老人们心情舒畅地过好节日，而且要使他们感觉到社会对他们的尊重。

怎样帮助贫困地区的失学儿童？

　　目前，帮助贫困落后地区失学儿童的"希望工程"在神州大地正引起普遍的关注。许许多多的人献出一份爱心，为"希望工程"添砖加瓦，使"希望工程"充满希望。如果你也想帮助贫困地区的儿童，却不知道该怎么办，以下几点建议也许对你有所帮助。

　　一、把你的想法和打算告诉你的父母家人，争取得到他们的支持并积极参与进来。因为毕竟我们还不是一个独立的经济个体，在经济上主要还是依靠家里。另外，父母社会经验丰富，可以为你献爱心提供不少建议。

　　二、与你所在地的团组织（团市委或团县委）取得联系，向他们提出你的愿望和相关要求。如，你想帮助某一地区的儿童，是男孩还是女孩，是还未上学或失学的，还是正在上学的等，以便确定具体的帮助对象。

　　三、在确定了具体的帮助对象之后，你便可以直接与他（她）建立联系，了解对方的生活学习情况，也告知自己的情况。

　　四、在了解了对方的具体情况后，再根据自己及家庭的情况确定以何种方式来帮助对方。如对方是还未上学或失学儿童，则先由家长出面给予经济上的资助让其入学，再议其它；如是上学儿童，则以你为主（也可和同学一起）提供以下三方面的帮助：学习方面的帮助，如介绍学习经验和学习方法，赠送学习用品和书籍，解答学习上的难点和疑问等；

生活方面的帮助，如省下你的零花钱和过年时的压岁钱做对方的学杂费；寄去你的新衣裤；寒暑假把对方接到你家住上一阵子等；政治思想方面的帮助，这主要是经常了解关心对方的思想状况，鼓励他（她）越是在困苦的条件下越是要自尊自强勤奋读书，长大后成为对国家建设有用的人。

当你伸出援助之手帮助别人的时候，相信你的心灵也得到了净化，变得更加纯洁、美好。

 ## 某地遭受自然灾害，怎样组织捐款活动？

天有不测风云，自然灾害常常让人猝不及防。当灾区人民处于水深火热之中，每一个人都有义务为灾区的人民做点事，献出一份爱心。你作为一名班干部，在某地遭受自然灾害的时候，应该怎样组织捐款活动呢？

首先，我们必须了解灾区的真实情况，看看灾区人民目前的主要困难和亟待解决的问题。在为灾区人民组织募捐活动时，一定要把活动的意义向同学们讲清楚，尽可能地把灾区的受灾情况和当地人民抗灾的壮举、全国各地人民支援灾区的情况介绍给同学们，采取多种形式搞好宣传鼓动工作，提高同学们对募捐活动的认识。

其次，号召同学们把零用钱、压岁钱捐献出来；可以和勤俭节约的传统教育结合起来，提倡为支援灾区，厉行节约，踊跃捐款。对捐款中的突出事例要及时宣传，扩大影响，增强感召力。在捐款的同时，可以请同学们谈谈感想，讲讲体会，增加同学们之间的情感交流，扩大声势。还可以和学校有关部门联系，利用已有条件开展活动。如，卡拉 OK 演唱等，让同学们在活动中唱一支歌，献一片情，主动捐款。

与此同时，可以组织同学们走出校门到社会上去。利用广播、黑板报、宣传专栏等媒介，大张旗鼓地宣传，使听者明其义，观者感其情。同学们可分成若干小组在繁华闹市、交通要道口附近，如百货公司、影剧院、新华书店的旁边设立台站。同学们身披明显的宣传绶带，边宣讲，边请路人捐款。

多难兴邦，坏事可以变成好事。在灾害考验面前，我们的捐资有限，但笔笔捐款寄深情，都凝聚着我们对灾区人民的一片爱心，体现了"一方有难，八方支援"的精神，表达了我们与灾区人民同呼吸、共命运的情谊，也体现了社会主义大家庭的温暖。

怎样组织同学开展学雷锋活动？

学雷锋活动是 60 年代兴起的群众性精神文明建设的实践活动，几十年后这一活动仍然蓬勃地开展着，涌现出了像朱伯儒、徐洪刚等一大批学习雷锋的模范人物，显示了强盛的生命力。随着时代的前进、形势的发展，此项活动不断以新的形式、新的内容加以充实，雷锋精神鼓舞着我们一代又一代青少年健康成长。在假期中，如何组织同学们到居委会开展学雷锋活动，怎样把这一活动扎扎实实地搞好？我们应该注意以下几个主要问题：

一、提高认识，自觉参加

经常组织同学们学习雷锋的事迹，不断提高认识，明确开展学雷锋活动的意义。应该看到，广大同学积极参加学雷锋活动是主流，但也有一些模糊、错误的看法在一定程度上影响着活动的健康开展。在发展市场经济的今天，有的人认为："现在搞市场经济，学习雷锋活动没有必要了，没有什么现实意义了。"为此，我们要结合新的形势特点，充分认识到这是转变社会风气，加强社会主义精神文明建设的具体表现，通过提高认识，使同学们自觉投身到活动中来。

二、学雷锋要学根本

雷锋精神的实质就是全心全意为人民服务，就是"把有限的生命投入到无限的为人民服务中去"。我们要根据当前的形势和特点，采取多种多样的活动方式，为人民做好事，送温暖献爱心。

三、有计划地组织安排

要和居委会取得联系，具体了解该地段的实际情况，做到有的放矢，落到实处。比如，根据居委会中军烈属、退休老人的情况，分组定人、定点、定期登门服务，做力所能及的事情；组织便民活动，义务修车、理发、修表、打扫街道环境卫生、维护公共秩序等。

四、及时开展竞赛评比活动

做到开始有评比，结束有总结，通过竞赛激励同学们奋发向上，多做好事的踏踏实实的精神，使活动有始有终。

在假期中组织同学开展学雷锋活动，会使大家的假期生活过得更充实，更有意义。

品德修养之正义篇

 遇到行凶、敲诈，怎么办？

　　行凶、敲诈是危害社会、危害人民的违法犯罪行为，应该受到法律的严厉惩治，与违法犯罪行为作斗争是我们每个公民的义务。我们青少年学生不要惧怕违法犯罪分子，要敢于同违法犯罪分子作斗争，以我们的正气战胜邪气，发扬见危知助，见义勇为的民族优良传统。

　　当我们遇到违法犯罪分子在行凶、敲诈，危害国家、集体、群众利益时，应挺身而出，与违法犯罪分子作坚决的斗争，宁愿牺牲个人利益，也绝不让违法犯罪分子侵害国家、集体、群众的利益。因为在我们社会主义社会里，国家、集体、个人三者利益在根本上是一致的，国家利益代表着个人利益，个人利益必须服从国家利益，集体利益是联结国家利益和个人利益的纽带，只有国家利益和集体利益得到保护，个人利益才能实现。因此，当遇到国家、集体、他人及自己的利益受到侵害时，首先应该保护国家、集体、他人的利益，即使牺牲了个人利益，也在所不惜。

另外，我国《刑法》第二十条规定：为了使国家、公共利益、本人或者他人的人身、财产和其他权利免受正在进行的不法侵害，而采取的制止不法侵害的行为，对不法侵害人造成损害的，属于正当防卫，不负刑事责任。对正在进行行凶、杀人、抢劫、绑架以及其他严重危及人身安全的暴力犯罪，采取防卫行为，造成不法侵害人伤亡的，不属于防卫过当，不负刑事责任。这为我们打击违法犯罪提供了理论依据。

为打击违法犯罪，弘扬正气，我们不但要敢于牺牲个人利益，甚至要敢于牺牲自己的生命。人的生命是宝贵的，可生命的价值不仅仅在于创造物质财富，也包括创造更高的精神财富。在我们社会中，总是有人见义勇为，血战持刀行凶的歹徒，有的甚至牺牲了生命。尽管他们的生命停止了，但是他们所表现出来的正义的精神却永远发出光芒，激励着人们，净化着人们的灵魂，使人们具有高尚的情操，使社会风气得到好转。

当我们遇到行凶、敲诈时，我们应该大胆地与犯罪行为作斗争。保护别人权益的同时也是保护自己的权益。无论是捍卫自己的利益还是人民群众的利益，都是值得称道的事情。不但要敢于同这类行为作斗争，还要善于同这类行为作斗争。面对违法犯罪分子，要冷静、沉着、机智地同他们斗争，如果敌强我弱，可以在不放弃原则的前提下，暂时妥协一下，但要注意记住违法犯罪分子的特征，掌握犯罪证据，并立即向公安部门报案，以便更好地打击违法犯罪分子。

总之，青少年从小就应该培养见义勇为、敢于同违法犯罪作斗争的精神，具有高尚的道德情操，肩负起社会责任，积极地同违法犯罪作斗争。只有这们才能有效地预防和减少违法犯罪。当然也要智斗，不要盲目冲动，不要硬拼，尽量减少不必要的伤亡。

遇到抢劫，怎么办？

拦路抢劫一般都发生在比较偏僻的地方，发案时间多集中在晚上、深夜或凌晨，因为在这个时间和地点，行人、车辆较少，便于歹徒实施抢劫。所以我们最好能够遵守学校的规章制度，晚上按时在宿舍休息。万一夜里需要外出，最好叫上同学结伴出行。那么同学们遇到抢劫该怎么办呢？遇到歹徒应注意以下几点：

一、不要惊慌，要保持镇静，头脑清醒，迅速思考对策。

二、面对拦路抢劫歹徒，一般不要先跑，因为歹徒的目的是为了抢劫钱财，如果急于逃走可能会遭到歹徒的伤害。应与歹徒巧妙周旋，寻找机会求救，可将随身携带的少量钱财或物品交给歹徒，并注意记下歹徒的相貌、衣着、身高、口音和逃离方向、交通工具（车牌）等，及时向附近的公安派出所报案，以协助公安机关追捕歹徒，破获案件。

三、如果面对的歹徒人数较少，周围又有同伴或者其他群众路过，可应付周旋，乘歹徒不备时上前与其搏斗，夺下其凶器，或突然跑开并高声呼救，在群众的协助下将歹徒吓跑或当场抓获，扭送公安机关。

四、如果在拦路现场无反抗条件，可在歹徒实施抢劫后逃离现场时，悄悄跟踪其去向，注意观察歹徒的落脚点，以便报告公安机关及时将其抓获。跟踪时要注意隐蔽自己，如在比较空旷的地区不便隐蔽最好不要跟踪，以免被歹徒伤害。

以上说的是拦路抢劫，那么万一遇到入室抢劫怎么办？由于室内是一个相对封闭的环境，我们处于孤立无援的状况，因此遇到抢劫很难指望外援。在这种情况下，如果我们应付不当，就可能使歹徒得逞，甚至导致恶性事件发生，受到伤害。相反，我们若镇定自若，与歹徒巧妙周旋，则有可能自救。我们要注意以下几点：

一、不要惊慌失措，要冷静思考对策。

二、要善于观察歹徒的行为举止，如遇到蒙面歹徒，要记下歹徒的身高、衣着、口音、举止等特征，为公安机关提供破案线索。

三、歹徒作案逃离后，要注意保护现场，歹徒用手摸过的物品不要碰，应待公安人员提取现场物证后再作处理。

四、有些入户抢劫案件是被害人的熟人所为，或是熟悉被害人家庭的人员及其招来的同伙所为，案发后被害人应尽量回忆案发前遇到的可疑人、可疑事，注意比较歹徒和自己周围熟人的口音、举止、体貌、特征是否相像；但是在现场绝对不能指出，以免歹徒杀人灭口。

五、记住在生命第一和有条件的情况下，特别是遇到不蒙面的歹徒时候，被害人及其家庭成员应机智勇敢地同歹徒作斗争，力争制服歹徒，扭送公安机关。

车上发现小偷，怎么办？

日常出行，乘公交坐地铁，还有在车多人挤的公共场所，有时候会看到小偷作案行窃。此时，作为一名学生我们应该维护正义，挺身而出，那到底应该怎么办呢？

小偷往往喜欢在阴暗角落和人多拥挤的地方行窃。大城市的公交车、地铁，一般都比较拥挤，小偷混在人群中，伺机偷人的钱包或者其他贵重物品。

当你看到一双贪婪的眼睛盯住别人的钱包、衣袋，伸出罪恶的手准备行窃时，你该怎么办呢？

如果你和几个大人在一起，又离售票员比较近，你可以迅速示意哪个人是小偷，然后让大家一起把眼光和注意力集中在小偷身上，使小偷感到众人的威慑力量。你也可以用眼神向被窃者示意，或者拉拉被窃者的衣服下摆，让其警觉。假如一时不便，待行窃者走开后，你可以马上提醒被窃者，用询问的口吻提示其物品的安全性。然后低声说出原委，告诉行窃者是谁，是何模样，现在在车上什么地方。但是，一般情况下，行窃者在作案之后就会匆匆离开。作案选择的时机往往是上下车之际，所以此时我们的行动一定要迅速。

假如你认为自己很有把握，有足够的能力亲手抓住小偷，那也不妨自己尝试一下亲手抓小偷的滋味。不过，你要明白，捉贼要捉赃。在小偷掏出别人钱包的这一霎那，是抓贼的最好时机，人赃俱获。而在小偷刚刚伸出行窃之手时，你不要过早地"出击"，以免打草惊蛇，被他反咬一口。一般情况下，只有证据确凿才容易制服小偷。

值得提醒大家的是，小偷也有其人身权利。如果在抓小偷时，出手太重而使小偷受到伤害，会给自己带来不必要的麻烦。因此，大家一定要注意方式方法，切不可因为激愤而做出违法的事情。当然，在抓小偷过程中的自我保护也是非常重要的。

另外，发现有人偷钱包，事实一定要清楚，要十分确定，不能以"好像"为依据，也不能将拥挤中的无意识伸手当成行窃，否则会造成不好的影响。一旦看清楚是小偷在行窃，在别人询问时说法要明确，切忌用含糊不清或模棱两可的话来作证，否则会被小偷钻了空子，甚至颠倒黑白。

发现盗贼正在作案，怎么办？

如果你在自己或邻居家中当场发现正有盗贼作案，那么，应该怎么办呢？

一、及时制止犯罪行为，力争将其现场抓获

也就是说，当你遇到犯罪分子正在作案或尚未逃离作案现场时，应该毫不犹豫地勇敢地与其进行斗争。要知道，不论多么凶狠的犯罪分子，内心都是空虚、恐惧的，只要你敢跟他斗争，将其现场抓获是十分可能的。当然，抓获犯罪分子不可以硬来，要动脑筋，最好找附近的人求助，共同将犯罪分子制服。

二、尽快争取周围的人帮助，将犯罪分子看管起来

对于现场抓获、已经被大家临时看管的犯罪分子和被监视的犯罪嫌疑分子，一要提高警惕，防止其逃跑、自杀、行凶或毁灭罪证，最好将其押送公安机关处理。对于已经逃跑的犯罪分子，知其姓名、特征、逃跑方向的，要立即报告当地公安机关，以便公安人员及时采取追缉、堵截等紧急措施。对于持械逃往深山、密林、田野或者高层建筑等处的犯罪分子，在报告公安机关的同时，应在当地领导的组织下，将其就地包围起来，封锁路口，防止其逃跑或继续进行犯罪活动，等公安机关派出干警到达后再处理，以免造成不必要的伤亡。

三、监控犯罪嫌疑分子

对于现场保护过程中发现的重大犯罪嫌疑分子，要请村组、街道管

品德修养之正义篇

123

理人员和其他群众设法秘密监控，注意不要让其察觉，以免打草惊蛇，给下一步的破案工作带来困难。

四、扭送犯罪分子

对于当场抓获的犯罪分子，有时候由于受通讯落后、交通不便、路途较远等客观条件的限制，或者是人手少顾不上等原因的制约，不能及时与公安机关取得联系，或因种种原因公安人员不能及时赶到，在这种情况下，就应当将犯罪分子扭送公安机关。所谓扭送，是指公民将犯罪分子强制交付公安机关处理的行为，它是公安机关与群众相结合的一种具体体现。当然，扭送犯罪分子要依照法定程序进行，不要盲目或违法扭送。

见到小·同学受欺负，怎么办？

在我们放学的路上，或在校园内，有时会遇到大欺小的情况。那么，遇到这种情况时，你该怎么办呢？当然不能视而不见，而应该主持正义竭力劝阻。不过要随机应变，根据不同情况，采取不同处理方法。

校内欺负小同学的行为常表现为：小同学在篮球场、乒乓球台打球，大同学来了，蛮横地将小同学哄走，抢占活动场地；有的大同学还强迫小同学为他服务；有的还会随意打骂小同学等。我们如遇到这类事情的发生，就应该和大同学讲理，不能无原则地让步，助长这种欺负弱小的不良行为。应向他们指出，欺负弱小是不道德的行为，每个人都应该注意自己的行为准则，为小同学做榜样。大部分同学还是讲理的，特别是在校内。当然，如果和他们说不通就应即时喊执勤同学或老师来处理，避免发生大的矛盾。

校外欺负小同学的行为常表现为：①故意搞恶作剧。如在小同学脸上写字，画画；把小同学买的棒冰、糖葫芦等故意打掉在地等。②强要钱财、物品甚至殴打小同学。

如遇到上述种种情况，我们应看清对象来灵活处理。欺负小同学的人，如是比自己小或和自己差不多大小的学生，我们应当立即上前进行阻挠、教育，无奈之下也可以以武力威慑。假如觉得自己一人力量不够，也可以请执勤同学或者自己的同学一道维护小同学利益，让欺负人的人认识自己的行为不道德，并向被欺负的小同学道歉、认错，也可将他们送给学校老师处理，使他们下次不敢再犯。

假如你在校外遇到的是不三不四的青年，或比你大得多的人在欺负小同学，那你就不能随便冲上去和他们评理，免得受到不必要的伤害。这样不仅不能帮助小同学，反而让自己陷入尴尬境地。此时，我们应该大声呼喊，争取路人的帮助，和大家一道制服这些人。当然，如果条件允许，我们还可以乘欺人者不备，带走受欺负的小同学，脱离一时的困境。

如果事情发生在家门口或学校门口，那就好处理得多了。我们应该赶快去找同学或老师，让他们帮助自己共同制服欺人者。但如果事情发生地附近没有人，就应记住这些人的相貌，还可以暗地跟踪，及时报告学校或公安部门，尽早抓住他们。

总之，遇到欺负小同学的行为，一定要主持正义多动脑筋，用各种办法去解决问题，保护被欺负者。

遇到有人出车祸了，怎么办？

日常出行，有时候可能会遇到别人出了车祸。作为一名学生，可能会被当时的混乱场面搞晕，以致不知道该如何是好。想去帮忙，但又怕出现意外情况，此时，我们应该镇定，可以参考以下内容行事：

一、交警在场，围观的人较多

要积极协助交警及时疏散人群，保护现场，维护好交通秩序，以免造成塞车，影响车辆正常运行。尽快拦车或者拨打120急救电话，和热心群众一起把受伤者送进医院抢救，并想办法弄清伤者的身份，及时通知其家属。

二、交警不在附近，现场围观的人很多

首先，要记下肇事车的车牌号码，防止肇事者逃跑。动员群众不要围观，保护现场；动员热心群众维护现场秩序，并把伤者送到医院抢救。然后，打电话找114询问附近派出所的电话号码，并及时通知派出所。待公安人员赶到现场时，要主动介绍当时的情况，以供公安人员参考。

三、在晚间僻静的小路上，周围没有其他人

首先，悄悄记下肇事车的车牌号码，并劝说肇事者一起把伤者送至医院进行抢救，并通知家属。然后，动员肇事者到附近派出所投案。如果肇事者一意孤行，驾车逃跑，那么你应该及时到附近派出所报案，协助公安人员将伤者送到医院。

另外，有人仍然有这样的顾虑：怕伤者被抢救过来后，错把恩人当仇人。当然，这样的误会是有的，是极个别的。怎样做，才能防止这样的误会呢？在送伤者去医院之前，可请交警或者在场的热心群众作证，记下他们的姓名和地址。如果身上带着相机或能拍照的手机，就要把现场照下来，最好也拍下围观者的相片，以便以后找起证人来比较方便。如果肇事者已逃跑，旁边也没有人证时，应在可能的情况下，及时和附近的派出所取得联系，然后再协助公安人员把伤者送到医院抢救。这样就不会产生误会了。

总之，在人来车往的马路上，有人遭遇车祸是在所难免的。热心帮助交警维持现场秩序，及时地抢救受伤人员，这是每个公民应具备的社会公德。

好朋友受到别人欺辱时，怎么办？

我们在日常生活中，有时会听到或看到自己的好朋友被人欺辱的事情发生，由于处理方法不同，后果也就大不一样。有的帮助好朋友处理得有理有利有节；但有的当场就"拔刀相助"，替好朋友"出口气"；或者奉行"好汉不吃眼前亏"，劝好朋友暂且忍让，伺机报复，因而导演出许许多多的悲剧来。

如果是你的好朋友受到别人欺辱（并没有受到什么严重伤害），你应当冷静而果断地按以下方法处理：

一、事情如果发生在校园内，你应当帮助好朋友判断或了解肇事者的准确姓名和班级，并及时向学校报告，而不要想凭借自身之力解决事情。学校作为学生学习的主要环境，有责任创造一个良好的环境。相信学校会严肃处理这样一些事情，来伸张正义。当学校调查处理此事时，你应当以见证人的身份，实事求是地把事情发生的经过向学校叙述清楚，便于学校准确地处理好这件事。

二、事情如果发生在学校外，在无法抓住肇事者的情况下，你应当帮助好朋友记住肇事者的长相特征和穿着打扮，并尽快地向最近处的人民警察或公安部门报告，当人民警察或公安部门调查处理此事时，你也应当以见证人的身份实事求是地、详详细细地把事情发生的经过向公安人员叙述清楚，并尽可能地提供更多的见证人，便于公安部门又快又准地处理好此事。切忌不要硬充好汉，而不顾后果地与人动手，以免自己受到伤害。

三、无论在什么情况下，你都要坚持实事求是的原则来反映情况，一定不能因为是自己的好朋友受到欺辱，或推波助澜，扩大事态；或出歪点子，唆使好朋友伺机报复；或夸大对方的责任掩饰好朋友的过错。如果这样，则是法律、情理、道德都不允许的。

四、事情得到妥善处理以后，你应该主动地劝慰自己的好朋友。这件事可能会对他造成很不好的影响，你应该把这种影响降到最低。另外你还要帮助朋友冷静地、认真地反思一下已经发生过的事，并从中吸取一些教训，以免日后再出现类似情况。当然，相信你也会从中获得一些启示和体会。

总之，在我们的好朋友受到别人欺辱时，一定要保持冷静，根据不同的情况进行处理，切不可因为一时冲动而使事态扩大，造成严重后果。

 朋友要我帮他打架，怎么办？

很多学生重友情，讲义气，这原本是件好事。可是，有些人把它发展到了极端，认为只要朋友相求，就应有求必应。结果，一念之差，铸成终身遗恨。也许当时是为了哥儿们义气，也许你的"帮忙"反到把自己和你的哥儿们都帮错了，哥儿们义气是要讲，可是要注意方式方法。

其实，友谊是人与人之间的一种真挚的情感，是一种高尚的情操，友谊使你赢得朋友。当遇到困难和危险时，朋友会无私帮助，如果有了烦恼和苦闷时，可以向朋友倾诉。友谊是有原则、有界限的，友谊不能违反法律，不能违背社会公德。而"哥们儿义气"源于江湖义气，会为"哥们儿"私利而不分是非，不讲原则。诚然，友谊需要互相理解和帮助，需要义气，但这种义气是要讲原则的，如果不辨是非地为"朋友"两肋插刀，甚至不顾后果，不负责任地迎合朋友的不正当需要，这不是真正的友谊，也够不上真正的义气。

在社会主义社会，由于旧社会的影响和新制度的不完善，也存在一些不公平的事。对不公平的现象产生义愤，这是正直学生应有的品格。但是，今天的一些不公平现象，基本上属于人民内部矛盾，不是阶级的对抗，可以而且应当通过组织调节或法律程序来解决矛盾。朋友受了委屈，应当同情，但同情并不等于一定要去帮助打架。当朋友有这种要求时，要耐心地做他的思想工作，讲明利害，不能蛮干，从实际出发，帮助他依靠组织去解决问题。这样做，朋友可能暂时不理解，甚至会不满意，但将来他明白时，会从内心感激你的。因为你没有在他感情冲动时火上浇油，更没有从哥儿们义气出发帮倒忙。具体要注意以下几点：

一、理解、同情

看到朋友要去打架拼斗，说明他已愤怒到了极点。作为他的好友，你要及时给予理解同情和宽慰，让他获得一种友情的慰藉，使他从极度的激愤状态中，暂时解脱出来。比如，你可以说："先消消气，有事慢慢说。""你的脾气我最了解，不是到了万不得已的时候，你不会火成这样。""有我们这些朋友在这里，你不用担心。"

品德修养之正义篇

129

二、问明详情

看到自己朋友怒气冲天，你可切莫受到感染，感情冲动，意气用事，而是要保持头脑的冷静，仔细问清冲突的起因、经过，弄明冲突双方的情况，理出眉目，然后尽可能客观地作出初步判断。

三、妥善处理

俗语说："当局者迷，旁观者清。"当你的朋友感情冲动，一时判断不清的时候，作为他的好友，你要为他冷静思考、权衡利弊，处理冲突时，要尽量做到有理、有利、有节。

1. 如果你的朋友是因为敢于坚持正义、挺身而出去制止不良现象，我们就要全力支持。但在事前要充分分析面临的形势，研究周密的对策，寻求多方的支持。务必使我们的行动，能周密、稳妥、有力，而不能用打架的办法解决。

2. 如果你的朋友是因为在认识上、处理事情的方式方法上与对方有了分歧，而引发出激烈冲突的话，那你就要帮他理智地处理好这一争端，让大事化小、小事化了。这就需要我们动之以情、晓之以理。首先你要让朋友感受到你对他的一片赤忱，无论以往或如今，也无论你的言谈或行动，都是为了友谊，共同前进。在他的感情有所触动时，你再为他分析处理眼前冲突的两种方式和两种结果，并建议他采取明智的做法。当他的理智逐步占了上风，愿意做出明智的选择时，你要为他献计献策，并陪他一道，把一场激烈的冲突，逐步化解掉。

3. 如果你的朋友因受到别人正确的批评、处理而心怀不满、意图报复，那你就更不能由他实施，不但自己不能参加，还要立即予以制止。帮助朋友从事情本身的是非曲直上认识清楚，做到心悦诚服，指出这是有利于朋友成长的、应该接受的批评和处理，报复实在是错上加错。这样才是真正的朋友之道。

解决学生品德修养中经常遇到的问题

有人要我做违反纪律的事，怎么办？

我们生活在这个社会，一切都遵循着守纪律的原则。纪律是在一定条件下形成的、一种集体成员必须遵守的规章、条例的总和，是要求人们在集体生活中遵守秩序、执行命令和履行职责的一种行为规则。纪律具有社会性、历史性，阶级性和强制性的特点。自由和纪律既是对立的又是统一的。试想如果每个人随心所欲、为所欲为，那么学习环境、生活环境就失去了正常的秩序，当然，这是所有人都不愿意看到的。

学生在学校受过多方面的教育，一般说来，每位同学都有一定的辨别是非的能力。当有人要你做违反纪律的事时，应该这样做：

一、自己要有清醒的头脑

凡是违反校规校纪、违反《学生日常行为规范》甚至违法的事，自己坚决不去做。人是生活在纪律里的，守纪律，无论做什么都有成功的可能；不守纪律，就必然要遭受损失或失败。况且，一旦我们做出违反校规校纪甚至违法的事，是要负责任的，所以我们坚决不能做违反纪律的事。

二、要坚持原则

如果当有人要你做一件违反纪律的事时，假如你考虑到朋友的情面，怕得罪对方，违心地做了违反纪律的事，结果收到老师或有关部门的批评甚至处分，那对自己来讲，对个人的荣誉和名声都是很大的损失。老师和同学们对你的信任也就会打折扣。而你如果坚持原则不做违反纪律的事，不仅不会使自己的名誉受损害，而且，你将更加赢得老师和同学对你的信任。

三、劝阻别人不要做违反纪律的事

别人要你做违反纪律的事，你不仅不去做而且要努力劝阻他人也不要去做违反纪律的事。也许开始别人不理解你，但最终是会理解你的。那时，他会因为你坚持正义而格外敬佩你。由于你劝阻他人不做违反纪律的事，你必然也会受到老师和同学的由衷赞扬。当然，由于你坚持原则，可能会一时遭到别人的疏远。但这是暂时的，随着时间的推移，别人对你会逐步地理解。

总之，当有人怂恿你做一些违反纪律的事时，你一定要保持清醒的头脑，不能因一时糊涂违反纪律，要坚持正义，极力劝阻别人，避免他们做出违反纪律的事。

 # 见义勇为反被讥笑是多管闲事，怎么办？

现实社会中，我们有时候会遇到一些流氓在上下学之际在校门口滋扰，欺负一些同学。小程同学看不过去，出于义愤上前痛斥他们的可耻行为，以致被打。而另外一些同学却讥笑小程同学。小程同学用自己的实际行动制止了一起违法事件，却被讥笑为多管闲事，遇到这种情况该怎么办呢？

一、要清醒地认识到：这类"闲事"是应该管的。在我们这个社会主义大家庭，人本应该相互关心、爱护。可是，就有这么一些人受剥削阶级"人不为己，天诛地灭"思想的影响，他们靠偷、靠抢、靠诈骗来维持自己不劳而获的腐朽生活，把自己的"幸福"建筑在别人的痛苦上面。对于违法乱纪的事，不能光靠公安司法部门去管，每个公民，包括我们中学生，都应去管，这样才能压倒邪气伸张正义，才能维护公共道德，才能保护人民大众、包括我们自己的利益。

二、维护社会公德、见义勇为，敢于阻止违法犯罪行为，是一个人最起码的道德感和正义感。现在社会上有一种极不好的风气，有些人胡作非为，往往是看热闹的人多，敢于针锋相对进行斗争的人少。以致坏人肆无忌惮，好人频频遭殃。就拿开头那件事来说，如果小程不去劝阻，这些人今天欺人得逞，明天就可能持刀抢劫，这对社会的安宁会造成多么大的隐患啊！

三、打击违法犯罪行为时，有些人风言风语，甚至讥笑挖苦，这是在所难免的。说这些话的人心态不一。有的人对这些事的危害性认识不足，认为是小题大作；有些人怕惹火烧身，多一事还不如少一事；有些人则是忌妒，心理不平衡……只要我们心中坦然，既然是对人民大众有好处的事，又何必对这些言论耿耿于怀、心中不快呢？并且对于这样的议论，必要时也可向学校老师汇报，以形成正确的舆论导向。

自觉遵纪守法，敢于向不良现象和违法行为作斗争，既是我国宪法规定的每一个公民的义务，也是共产主义道德品质的具体表现。我们应抛弃私心杂念，为自觉维护社会秩序、保护人民利益作出自己的贡献是我们每个人的义务。

不被他人理解遭到非议，怎么办？

在现实生活中，不少同学往往有过这样的经历，明明是为了维护集

体荣誉挺身而出，有人却说你是好出风头；明明是出于公心，直言不讳地提出批评，有人却说你在进行报复……这真令人困惑、苦恼、不知所措。处于这种境地，我们该怎么办呢？

一、理智地对待

由于人们生活和活动范围的局限，人们的思想、知识、觉悟水平的差异，使每个人在看问题、论是非时，难免偏颇。同学们由于涉世未深，知识、经验不足，更会是这样。因此，我们在学校生活中，一时不被他人理解，反遭非议的情况，总是会发生的。即使至今未遇到，将来也可能遇到的。陈毅元帅说得好："应知天地宽，何处无风云？应知山水远，到处有不平。"只要我们懂得了这个道理，一旦面对非议时，就会有一种达观的态度、理智的认识，从而思想开朗、心地坦然地面对非议，并积极寻求消除误解的办法。

二、冷静地分析

在理智认识的基础上，我们就要冷静地分析，别人是怎样非议自己的？别人为什么会这样非议自己？自己在言行、态度、情绪以及处理事情的方式方法上，有哪些不足之处？应该通过什么途径，采取什么方法，才能使别人理解自己？诸如此类，尽可能想深想透，努力使别人的误解能尽快消除。

三、用行动来证实

人们认识一个人，是需要一个过程的，在产生了误解以后，要改变他原先的看法，就需要更长的时间。因此，当遭到非议以后，你不要急躁，不要气馁，认真进行判断、分析，并根据分析结果，继续坚持你正确的言行，不断弥补你意识到的不足。那么，"路遥知马力，日久见人心"，你在较长时间里，始终如一的言行，出自真诚的表现，就为你作出强有力的辩解，理解你的同学，就会由少而多；理解你的程度，也会由浅而深。拉封丹说过："耐心和持久胜过激烈和狂热。"这就从另一方面启示我们，当一时不被他人理解的时候，最忌的是急于为自己辩解，而明智的做法是，用行动来证实，用事实来"说话"。

四、请知己者帮助

人们通常都认为，第三者的话是比较客观而公正的。因此，当你一时不为他人理解时，可以向了解自己的朋友、师长求助，请他们出来介绍情况、澄清事实或说明真相，这样也容易使他人尽快消除误解。

总之，身正不怕影子斜。只要你行得正，做得端，就可以问心无愧。当面对非议时，你不必为此苦恼，应该用自信、理智、真诚去战胜它，即使困难重重，也终会有真相大白的一天。

别人送给我来路不明的物品，怎么办？

同学之间、朋友之间除了通过语言交流情感以外，往往会赠予一些物品作为纪念，以示友谊的长存。但是，如果别人送给你的物品来路不明，怎么办？

一、在收到物品，又不知其来路时，不要直截了当地问其来路如何，如果别人是通过正常渠道（如购买、跟家长要或是别人送给他的）得到的物品，诚心赠送给你却受到你的质疑，肯定会伤害他的自尊心，从而导致你们之间的友谊受到破坏。正确的方法是婉转地探询物品来历，可以在赞美物品的基础上从价格、何处购买等方面探询。例如：别人送你一个精致工艺品，你拿到后首先应该表示感谢且惊讶，然后说：这样精致的东西肯定花了不少钱吧？在哪里买的？通过察言观色判断物品来路是否正当。

二、来路不明的物品大致分为两种，捡到的或是偷窃、抢劫来的，怎样处理这两种情况呢？

1. 对于捡到的物品，首先要说服对方，帮助他提高思想觉悟，说明拾金不昧是每个中学生应具有的道德品质，如果把捡到的东西占为己有只能说明思想素质不高，良心也会受到谴责的。耐心地说服他把捡到的物品上缴给有关部门，同时请他们帮助寻找失主，这样做既帮助了朋友，维护了你们之间正常的友谊，当然也由于你诚恳的态度让对方下了台阶，受到教育，又能使别人领略了人间的真情。

2. 对于偷窃或抢来的物品，要旗帜鲜明地表示坚持不能接受，因为这是利用犯罪的手段得来的，是触犯法律的。如果你接受了这些非法得来的物品，同样也触犯了法律，严重的还要负刑事责任。这样既害了别人也害了自己，要对他说：纸是包不住火的。对于价值不大的物品，应劝其主动还给物主，并要主动承认错误，赢得物主的谅解。对于价值较大或具有机密性的物品，除主动归还外，还应该主动投案自首，向公安机关坦白交待，求得法律的宽大处理，这样做既能挽救别人，体现出你的诚心和高尚的品德，又能更好地巩固朋友之间真挚的友谊。

总之，朋友的情要领，但道德也要维护。在收到来路不明的东西时，一定要弄清楚来路，否则很可能因为一时不慎而陷入困境。

怎样正确认识社会中的阴暗面？

随着对社会认识的逐渐加深，我们会渐渐对这个社会有全面的认识。

我们此时不得不承认社会上还是有丑陋和黑暗的东西存在的。社会的阴暗面不仅表现为贪污、腐败，而且也表现为民众中的盗窃、抢夺和凶杀等犯罪。面对这些，我们学生该如何认识呢？

一、要从历史的角度对社会生活中的阴暗面进行分析，认识到和腐朽、没落的剥削阶级的旧思想作斗争的长期性。改革开放以来，我们的社会生活发生了巨大的变化，物质文明和精神文明建设都取得了举世瞩目的成就，我国人民精神振奋，生活安定，社会稳定，这是任何人也抹杀不了的事实。但是，也要看到我国还是一个发展中的国家，物质基础还不雄厚，国民的文化素质还不高，在人们的精神生活上还残留着过去半殖民地、半封建社会所遗留下的痕迹，社会还存在着腐败现象。诸如拐卖妇女、儿童、赌博、斗殴等社会阴暗面，这是剥削阶级的旧思想在新时期的死灰复燃。我们要用这样的观念去分析问题，看到社会上产生阴暗面的社会根源和阶级根源，与这些丑恶现象作不屈不挠的斗争。

二、要从发展的角度看问题，社会上存在着阴暗面毕竟是前进中的问题。随着我国法制建设的逐步完善，人们道德水平的提高，社会的进步，这些阴暗面会逐步消失的。目前党和政府一方面在采取积极的措施，与这类丑恶现象作坚决的斗争，比如，制定法律从重从快打击拐卖妇女儿童的犯罪现象；成立反贪机构、狠狠打击经济生活中的贪污、受贿等腐败现象。另一方面大力提高全民族的文化素养和道德水平，加强精神文明的建设，比如，开展"青年志愿者"活动，扶助社会孤寡老人；开展学雷锋活动，助人为乐；支持"希望工程"，资助失学少年；开展军民共建活动，净化社会风气等等。

三、要树立社会公民意识，积极促进社会进步。中学生们都要"从我做起"，遵守社会公德，积极参加社会的各项公益活动，使自己成为"四有"人才；要有强烈的社会责任感，对构成社会阴暗面的人和事，从维护社会稳定发展的高度，与之进行不懈的斗争，同时要努力学习科学文化，加快我国现代化建设的步伐。同学们应该相信经过数代人的努力，我们的祖国将会变得更美好。

总之，一味地抱怨、愤怒和愤世嫉俗不会带来任何有价值的改变。一个人如果因为社会的阴暗面而变得愤世嫉俗的话，其结果不外乎两种：要么心灰意冷、消极厌世；要么索性自暴自弃、同流合污。无论哪一种结果都是消极的。我们个人的力量的确是单薄的，可能改变不了整个社会，但消极厌世、愤世嫉俗只会让自己痛苦的同时破坏别人的心情，对于这个社会没有丝毫的积极贡献。我们可以在完善自身的基础上，尽自己的所能，去帮助那些需要帮助、而且愿意接受我们帮助的人，让我们的人生都变得更加充实、更有意义，也更加淡定和豁达吧。

怎样预防和纠正犯罪心理？

中学生正处于青少年时期，无论是生理还是心理都不够成熟，感情易于冲动，缺乏一定的理智。有的同学遇到一些特殊情况后，较容易产生走向极端的犯罪心理，如不加以预防和纠正，便可能导致犯罪行为。那么，怎样才能预防和纠正可能产生的犯罪心理呢？

一、要认识导致犯罪心理产生的因素。通常导致中学生朋友产生犯罪心理的因素主要有这样几条：报复心、占有欲、忌妒心、虚荣心和好奇心等。这些消极心理都容易使青少年失去理智，走上犯罪的道路。例如报复心由于冲动能导致青少年采取较为极端的攻击性行为，造成人身伤害或财产损失；占有欲膨胀后会使青少年不择手段地去获取别人的财物；忌妒心和虚荣心会使青少年为了"自尊"而与他人发生对抗行为甚至造成伤害事故；好奇心则有可能使青少年去不恰当地冒险，导致犯罪行为。

二、在弄清容易导致自己产生犯罪心理的因素是什么以后，认真阅读一些有关法律法规方面的书籍，了解法律知识，自觉用法律条文约束自己的行为。假如自己属于占有欲较强的一类，那么通过学习法律，使自己懂得通过不正当手段获取他人、社会财物对自己及他人的危害，以及将会受到的惩罚，使自己及早止步；如果自己是报复性较强的一类，那就应当多同自己的要好朋友、家长或老师交谈，谈出自己内心的郁闷，使自己内心的抑郁、冲动或不平得以缓解、宣泄，并取得朋友、家长与老师的帮助。而忌妒和虚荣心理过强的同学应多交朋友多读书，拓宽自己的视野。这样就可以了解"天外有天，人外有人"这一道理，不仅看到别人比自己强的地方，也要善于通过比较，了解自己也有比别人强的地方，真正懂得人"各有所长、各有所短"，自己的长处也许正令他人所羡慕呢。我们实在没有必要去忌妒别人，倒是应该学会互相取长补短，使自己得到更大发展。

三、多结交一些正直、善良的朋友，杜绝与社会上的不法分子交往。俗话说："近朱者赤，近墨者黑。"如果同学们经常与那些正直、善良的朋友交往，就会潜移默化地受到他们的正面影响，对消除可能出现的犯罪心理会产生很大的作用。在同学的关心和爱护中，你会慢慢远离那种报复心、占有欲、忌妒心和虚荣心等，而使自己处于一种平和安静的状态。相反，如果与那些社会上的不法分子交往的话，则会加速犯罪心理的形成，最终导致自己走上不归之路。

四、容易产生犯罪心理的同学可以打爱心电话进行心理咨询，通过同主持人、专家交谈，解决自己的心理问题。目前各地都设有各种爱心电话、热线电话、心理咨询中心等机构，同学们有什么想法以及心中的烦闷、苦恼与不安都可以告诉对方，取得他们的帮助。通过自己的诉说或发泄，让他人了解你的痛苦和迷惑，以确定如何帮助你。同时，他人或组织对你的心理辅导或者疏导，让你对自身的情况有一个全面的了解和认识，从而使你及时醒悟，避免走上犯罪道路。

除了上述所言之外，最关键的还是要在平时多读书，不断提高自身的道德修养水平，提高法纪观念，多参加各种有益的社会活动，培养各种正当的爱好与兴趣，以便有效地预防和纠正犯罪心理，使自己顺利、健康地成长。

品德修养之知耻篇

看到别人吃喝玩乐过得"潇洒"，怎么办？

有的同学认为整天吃喝玩乐很"潇洒"，这显然是不恰当的。人的生活离不开吃喝玩乐，吃饱饭、穿暖衣是人生活的基本需求，当然有条件的话，吃得富有营养些，穿得美一点，繁忙的工作之余安排些娱乐活动，那也是提高人们生活情趣的需要，可是如果把吃喝玩乐当做生活幸福的目标加以追求，那就失之偏颇了。

人有各种需要，当需要能得到满足，便会产生欢愉和幸福感。吃喝玩乐只是人的生理需要、物质要求。这是人的最基本的需要，也是一种低层次的需要。而人的求知需要、事业需要等精神需要，才是高层次的需要。人的低层次需要得到满足，也会产生欢愉，但不是生活幸福的唯一标志。只有当一个人物质与精神生活都得到满足，不仅物质生活优越，而且精神生活丰富，知识渊博，事业有成就，于国于民贡献大，才会有真正的幸福生活。

有的人绫罗绸缎，花天酒地，物质生活够丰富了吧，但精神生活却十分贫乏，常常感到空虚无聊，这算什么幸福！而那些孜孜不倦地在知

141

识的高峰上攀登的学者，在科技项目上攻关的科学家、发明家以及在各种平凡的工作岗位上为社会主义祖国作出贡献的人，才是精神生活极其富有与幸福的人。

另外，长期无节制的吃喝玩乐，特别是夜间饮酒过度，或整夜上网、打麻将、打扑克，使人的精神长时间处于亢奋状态，难以入睡，而到了白天就会萎靡不振，还有可能带来身体不适，严重的甚至引发心脑血管疾病，导致猝死。同时夜晚过度喝酒、唱歌还经常会引发打架斗殴，因交通事故造成的外伤患者也不少。

青少年正处在长身体、长知识的阶段，不能停留在低层次的需求上，追求眼前的物质享受，与成年人比消费水平。而应该树立正确的幸福观，努力去追求高层次的精神需要，在学习与掌握渊博知识高超本领和尽力奉献中去获得幸福。真正的幸福不是物质享受，而是为国为民作出贡献。愿大家都能在平凡的学习与生活中焕发青春。做出不平凡的业绩，以争取获得真正的幸福生活。

有人教唆我吸烟、酗酒，怎么办？

当代中学生绝大多数胸怀凌云壮志，向往"长风破浪会有时，直挂云帆济沧州"的生涯。他们在浩瀚的知识海洋遨游，以寻觅书海中的奇珍瑰宝。但也有少数意志薄弱者，经不起海浪的冲击，吃了几口水，甚至触礁被冲进了荒滩，难以救药。

比如，在生活中有人教唆你吸烟、酗酒，怎么办呢？

首先，我们必须认识到吸烟和酗酒的严重危害。如果养成吸烟不良习惯，会影响学习进步。少数未成年学生误以为吸烟"像大人"、"够气

派"、"很好玩"、"很刺激"，于是他们从模仿成人吸、背着教师吸、背着家长吸到三五成群扎堆吸，最后吸上瘾。他们还整天琢磨怎么搞到烟，怎么躲避上课。另外，人在吸烟时，会大量吸入一氧化碳等有毒气体，使血液中缺氧，造成头痛、头晕、乏力等症状，使精神萎靡，智力下降，从而影响学习。

酗酒影响身体健康。酒是一种麻醉剂，影响中枢神经系统，有害身体健康，并可导致其它疾病的发生，饮酒过量甚至会有生命危险。酒对人体的危害主要在于酒精，酒精可以使人早衰。未成年人正处于成长发育阶段，身体的各部位器官尚未完全成熟，饮酒影响身体的正常发育。酗酒可导致学习退步。长期饮酒，记忆力、判断力下降，注意力无法集中，智力开始减退，从而导致学习退步。

吸烟、酗酒都可能诱发未成年人违法犯罪。有的未成年人为买烟而不吃早点，影响身体健康、生长发育；有的由向别的同学"借钱"，发展到钻空子偷钱、抢钱；有的与社会上不三不四的人勾结在一起，甚至结成扰乱社会治安的流氓团伙，最终堕落为违法犯罪分子。同样有的未成年人为了喝酒，采取偷、骗、抢、诈等非法手段获取金钱。另外，"酒能乱性"，过量饮酒后无法约束自己，控制不了言语行动，酒后打架斗殴，甚至伤人杀人的案件屡见不鲜。

由此可见，吸烟、酗酒这是一个很严重的问题。那些教唆我们吸烟、酗酒的人居心叵测，妄想拖我们下水，把我们引入犯罪的深渊。我们应义正辞严地加以拒绝，与之展开针锋相对的斗争，必要时报告公安部门备案。如果我们不用中学生守则来约束自己，放松思想上的防范，听任社会上的坏分子用烟、酒来引诱腐蚀，逐步上钩，总有一天也会滑到与人民为敌的泥坑里去。古人云，一失足成千古恨。我们切不可一时好奇，毁了终身。

总之，未成年人吸烟、酗酒不利于身心健康，并极有可能诱发各种伤害事故，导致违法犯罪，有百害而无一利。因此，未成年人应严格遵守中学生行为规范，绝不吸烟、酗酒。

有人引诱我吸毒、贩毒，怎么办？

吸毒（指吸食鸦片、海洛因或其他毒品；长期注射吗啡、度冷丁等）危害极大。吸食毒品能很快成瘾，一旦成了瘾君子后，身体就会受到很大的摧残：消化不良、体力下降、面黄肌瘦、精神萎靡，不但不能坚持正常的学习、工作和生活，而且，还会导致坐吸山空，倾家荡产，甚至为了筹集吸毒资金，千方百计干出偷窃、抢劫、杀人、卖淫等不法勾当，成为社会的罪人。我们中学生要警惕坏人的引诱，切勿上当受骗。

有的同学也许会想，吸毒是挺新鲜的事，偶尔玩一玩，试一试，没什么大不了的。这一想法是错误的。毒品都是一吸就上瘾，一上瘾就难以戒掉的。因此，我们千万不能抱侥幸心理，即使就一次，也应坚决拒绝。要做到："拒腐蚀，永不沾。"

一、关心报刊杂志广播电视等传媒的有关宣传，积极参加学校组织的法律宣传报告会，或参观有关展览，参加关于吸毒、贩毒情况的社会调查，或听吸毒人员的悔过检讨等，提高对吸毒危害性的认识和抗吸毒的自觉性。同时，我们要树立远大的志向，培养高尚的情操，刻苦学习，慎重交友，从根本上"拒腐蚀"。

二、万一身边出现了吸毒青年，要协助有关部门向他们宣传吸毒的危害性和有关法律，劝阻他们不要吸毒，建议他们进"禁毒学习班"，以根除毒瘾，重新做人。

三、我国法律规定，引诱、教唆、欺骗他人吸食或注射毒品构成犯罪。因此，有人引诱你吸毒应立即设法报告公安部门，并协助公安部门顺藤摸瓜，将吸毒者、贩毒分子捉拿归案，以根除祸患。

如果有人找你代贩毒品，你必须坚决拒绝。我国的宪法和《治安管理条例》明确规定，走私、贩卖、运输、制造鸦片、海洛因、吗啡或其它毒品是犯罪行为，要给予严厉的法律制裁。我们中学生是未成年人，是祖国的未来，我们怎能干犯法的事呢？我们还应看到贩卖毒品不仅害己、害人、而且害国、害民。作为中国人能忘记1840年的鸦片战争吗？这次战争的结果是满清政府屈膝求和签订了丧权辱国的《南京条约》，把香港割让给英国成了殖民地，西方殖民者打开了中国的大门，中国从此沦为半殖民地半封建社会，人民陷于水深火热之中。这次战争的直接根源就是鸦片。

吸毒、贩毒是极丑恶的行为，是对国家和民族的犯罪。为此，国家对贩毒者予以严厉的法律制裁。不仅贩卖毒品构成犯罪，就是非法持有毒品（随身携带、放在家中或其他能任意支配的地方）都构成犯罪。

作为中学生，我们绝不能参与贩卖毒品的活动。

我们不仅自己不能贩卖毒品，而且，一旦发现有人贩卖毒品，即使是自己的亲友，也应立即向公安部门报告，协助公安部门将贩毒、吸毒分子缉拿归案，绝不能碍于情面包庇贩毒、吸毒分子，为他们做假证，更不能帮助他们隐匿、毁灭罪证、掩盖罪行、逃避法律的制裁。要知道，这也是犯法的，也将受到法律的制裁。

如果我们检举揭发了贩毒分子，自己的人身安全没有保障时，应提请公安部门或学校领导、老师、同学加以保护。

有人拉我一起看黄色录像片，怎么办？

学生涉世不深，社会经验不多，如果交友不慎，很容易"近墨者黑"，使自己参与到一些不道德甚至违法的活动当中。假如经常有朋友拉你一起去看黄色录像，那你应该怎么办呢？你一定要深刻认识这样做的危害性，并且坚决拒绝！

一、要坚决拒绝

黄色录像片是麻醉剂、腐蚀剂，对涉世未深、经验不足的学生来讲，我们首先要有坚强的意志，不为任何引诱所动。如果有人拉你去看黄片，你要严词拒绝。如果是同学拉你去看，你不但不能去，还应拿《中学生日常行为规范》、《中学生守则》来劝阻他们。《规范》第5条规定："不看宣传色情、凶杀、迷信的坏书刊、录像，不听不唱不健康歌曲。"你还可以用你了解的因看黄色录像片导致堕落犯罪的事实说服、警告他们，阻止他们去看。如果劝阻无效，就要想办法报告公安部门或学校的老师，以免这些人堕入深渊，危害社会。

二、要深刻地认识其危害性

有人常常这样想：我就看这么一次，不会受毒害，没有什么不好。这是天真的想法。事实上，由于这些录像片中充满了不堪入目的暴露或恐怖镜头，有极大的刺激性，有些涉世未深、经验不足的未成年人因好奇心的驱使，偶尔看了一次淫秽录像，便越陷越深，欲罢不能，致使精神萎靡、心理扭曲，进而走向犯罪的深渊。四川某县一位中学生偶然在家中发现并看了淫秽录像，便越看越想看，像吸毒一样上了瘾。每当夜晚一闭眼睛，脑海里总是闪现出一幕幕黄色录像中的强暴淫乱的场面；每当遇到女同学时，心里总有一种莫名的骚动和难以抑制的冲动……就这样，他最终走向了犯罪的道路。

三、要慎重交友

俗话说，近朱者赤，近墨者黑。作为学生，由于少不更事，还不成熟，在交友时要倍加小心，切不可糊里糊涂地随意跟一些不明底细的人交往。康德说："要评判美，就要有一个有修养的心灵。"作为未成年人，我们自己要提高自身素质和自我保护能力，要多读古今中外的名著，多看中外优秀影视作品，多读内容健康的书刊，多参加学校或社会组织的有益的活动，提高判断是非、识别香花毒草的能力，对黄色录像应拒而远之，像躲避瘟疫那样避开它。

四、悬崖勒马

一旦发现自己很乐意看黄色录像片，别人一拉就跟着去看时，必须悬崖勒马，痛下决心，坚决割断与这些人联系；或请求父母、亲友、老师帮助你摆脱困扰。与此同时，取而代之以健康有益的娱乐活动，使自己回到正确的道路上来。为了使别人不再受害，应把你受害的情况向公安部门报告，帮助公安部门彻底摧毁卖黄色制品的窝点。

偷看了黄色书刊、录像，怎么办？

黄色书刊和录象中所宣扬的往往是一种淫秽、变态的性观念和行为。它针对人们的无知和好奇，大肆渲染和过分夸张了某些人的变态行为，让人不知不觉地受到伤害。一定程度上，黄色书刊和录象对人的影响类似于毒品对人的侵害。一些成年人因为自控力的强大偶尔接近它可能不会受影响，但缺乏控制力的中学生最好远离它。

伴随着性生理的发育成熟，中学生对性的问题充满着好奇和疑惑。然而不幸的是一些学校和家庭对此却讳莫如深，闭口不谈，这无形中又进一步强化了中学生对性问题的好奇心，给有关性的问题罩上了一层神

秘的面纱。强烈的求知欲望使他们对性问题极为敏感，他们会从各种途径，如，书刊、影视、秘文传说中去找答案。黄色书刊在一定程度上正是迎合了同学们这种需求，而恰恰它们对学生的危害极大。

许多误入歧途的中学生最初也只是出于好奇，亦或是在无意间有所接触。起初很多人也是自认为完全有抵抗力的，结果一旦接触便不能自拔。黄色污染的刺激，常常使中学生的性冲动被不正常地激发起来，并产生想模仿和尝试的愿望。整日沉湎于性的想象之中，经常为原始的性欲所左右，致使精神萎靡，提不起精神，学习失去了动力。人在缺乏对一些东西的抵抗力的时候，是很容易退化为动物的。其结果呢，轻者影响学业，重者走上性犯罪的道路。那么，如果已经偷看了黄色书刊、录像，该怎么办呢？

一、要认识到偷看黄色书刊、录像的危害

黄色书刊录像是一种精神毒品，是人们灵魂的腐朽剂，它会使青少年精神恍惚，萎靡不振，荒废学业，甚至堕落到违法犯罪的地步。

二、积极检举揭发黄色制品的来源

我国《治安管理处罚条例》第32条规定，制造、复制、出售、出租或传播淫书、淫画、淫秽录像带或其他淫秽物品的，依情节轻重处15日以下拘留、依法劳动教养，构成犯罪的依法追究刑事责任。《未成年人保护法》第四章第25条也明文规定，严禁任何组织和个人向未成年人出售、出租或以其他方式传播淫秽、暴力、凶案、恐怖等毒害未成年人的图书、报刊、音像制品。我们应从国家和人民的利益出发，向派出所、公安局检举、揭发，为扫黄打非、净化社会文化环境贡献自己的力量。切不可因贪图小利而为之；也不可因碍于情面而姑息，听之任之，熟视无睹；更不可以为自己不干就行，别人我管不着，以为自己揭发了，陷人于囹圄，于心不忍。要知道，对不法分子的容忍和同情就是对国家

和人民利益的损害，就是对国家和人民的犯罪，即使是我们的父母、亲友，我们也不能掩护、甚至支持包庇他们，否则是对国家、对人民不负责任。

三、发展文明健康的兴趣和爱好

《中学生日常行为规范》第五条规定"不看宣传色情、凶杀、迷信的坏书刊、录像，不听、不唱不健康歌曲。"中学生应该自觉遵守行为规范，自觉抵制社会上一切不正之风的影响。同时要加强对时事政治的关心，认真学习一些政治理论知识，多看好书、好电影、好电视，不断提高自己判断是非、识别香花毒草的能力和文艺鉴赏水平，不断提高自我约束能力和抵制不良影响的能力。而一旦一时糊涂，参与了阅读黄色读物的活动，也应及早觉悟，悬崖勒马，知错改错，悔过自新，切不可原谅自己，使自己越陷越深。那样，将会自食恶果，后悔莫及。

 常说一些有关性的脏话，怎么办？

中学生随着性意识的萌动，对性充满了神秘感，有了一些模糊认识。有些同学常喜欢说一些有关性的脏话，有时候甚至不堪入耳，遭到了同学们的反感。自己也知道这样不对，但又一时改不掉这样的习惯，自己也感到苦恼。怎样才能改掉这种习惯呢？

一、要对性有一个正确的认识，去掉其神秘的面纱，还其本来面目。性是人类异性之间相爱的物质基础，性爱是人类繁衍后代的需要。性，并不是邪恶的，建立在感情与道德上的性爱是高尚的。作为一名中学生，要树立有关性的正确认识，可以适当看一些有关性方面的书籍，这样就

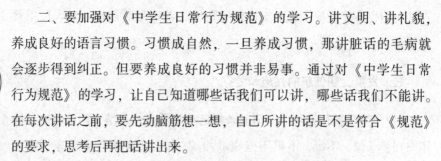

可以逐渐减少对性的神秘感。

二、要加强对《中学生日常行为规范》的学习。讲文明、讲礼貌，养成良好的语言习惯。习惯成自然，一旦养成习惯，那讲脏话的毛病就会逐步得到纠正。但要养成良好的习惯并非易事。通过对《中学生日常行为规范》的学习，让自己知道哪些话我们可以讲，哪些话我们不能讲。在每次讲话之前，要先动脑筋想一想，自己所讲的话是不是符合《规范》的要求，思考后再把话讲出来。

三、为自己确立一个讲话方面的榜样，跟在后面学。中学生朋友一方面自控能力不强，另一方面模仿能力又很强。为自己确立的榜样，可以是自己的老师，可以是一位长辈，也可以是这方面表现出色的同学。自己跟在榜样后面学习，久而久之，就会受到潜移默化的影响，促使自己养成良好的语言习惯。同时还可以请自己的榜样监督自己，当自己说话又犯老毛病的时候，就由他（她）提醒自己，这样也是一种有力的约束。

四、要避免或减少与说话不文明的人交往。如是自己的父母，你可以诚恳地向他们提意见，但说话要婉转，否则父母受不了，就不易接受。如父母态度粗暴，根本不可能接受你的意见，那你就用行动来影响他们，感化他们。只要坚持，肯定会有效。而那些说话不文明的邻居或朋友，你尽量避开或少接触。如果你觉得这些人本质很好，不愿意疏远他们，你也可以向他们提出意见，帮助他们改掉这毛病。不过说话也要注意方式方法，教训人是不行的，只要你心诚，就一定能收到好的效果。

五、多看些优秀读物，尤其是伟人传记、名人名言一类的书籍，用伟人的崇高思想和言论武装自己的头脑，提高自己言谈的境界，还可把符合自己特点的优秀人物名言抄成卡片放在写字台、文具盒、作业本扉页处，当做座右铭，时时提醒自己。

六、要真正认识到讲性方面的粗话，不仅是对别人的不尊重，也是对自己的不尊重。时间长了以后，同性同学会看不起你，异性同学会回避你，渐渐使自己处于孤立境地。因此，要学会自尊自爱，不仅要下决

解决学生品德修养中经常遇到的问题

心改正讲脏话的毛病，还要有恒心、有信心地坚持下去。

　　总之，只要我们下定决心改掉这个坏习惯，又愿意为了这个决定付出持久的努力，并且注意结合自身用适当的方法，就一定能克服困难，最终改掉这个坏习惯。

 ## 常与社会上的人出入舞厅和酒吧，怎么办？

　　我国《未成年人保护法》第23条规定："营业性舞厅等不适宜未成年人活动的场所，有关主管部门和经营者应当采取措施，严禁未成年人进入。"《中学生日常行为规范》第6条明文规定："不进营业性舞厅、酒吧和音乐茶座。"因此，你进舞厅、酒吧是不合适的，违反了中学生行为规范，应提高认识自我约束，下决心不再上舞厅、酒吧。为什么？

　　首先，营业性舞厅、酒吧都是些高消费的文化娱乐场所，中学生经济上还不能自立，没有充足的经济来源，到这些地方娱乐是中学生的经济能力难以承受的。如果靠社会上的人支付，肯定不会是"无偿"的。有的人为了满足自己的这种奢欲，千方百计去弄钱，甚至去偷、去抢、去骗，或是出卖自己的肉体，干出违法乱纪、伤天害理的事来，其后果是不堪设想的。我们中学生能这样做吗？

　　再说，这些娱乐场所虽然有不少是通过健康文明的娱乐活动丰富人们的业余生活，在促进精神文明建设方面起了一定的积极作用，但也不能否认，有一些地方已经或正在成为社会罪恶的温床。从表面看，这里环境优雅，音乐动听，灯光闪烁，人们衣着华丽、举止文雅，一副绅士淑女派头，而实际上，有的却是好逸恶劳、贪财好色的不法之徒。一些经营者唯利是图，通过"三陪"等色情服务项目牟取暴利，却不管违法、犯法。我们这些涉世未深的中学生倘若涉足这些场所，就很容易上当受骗，甚至失足堕落。

另外，有一些学生因为家庭有困难或者为了赚取零花钱而在这些场所打工。从感情上来说，这种行为是可以接受的，但须知道作为一名学生，长期在这样的环境下成长，难免会受到负面的影响，变得或唯利是图，或好逸恶劳，更有甚者可能会做出违法的事情来。

青少年时期正是我们学知识、长身体的最好时期，宛如含苞待放的花蕾或刚刚盛开的鲜花，世界因有了我们而生机勃勃，我们没有理由不珍惜自己的青春年华。我们要利用这大好年华，努力学习，充分发展自己的聪明才智，掌握更多的知识和技能，刻苦磨炼自己的意志，树立起崇高的理想，陶冶高尚的情操，使自己成为名副其实的跨世纪人才，将来为祖国的现代化事业建功立业，而绝不能泡在舞厅、酒吧里去浪费生命，虚度青春。须知："少壮不努力，老大徒伤悲。"空耗青春是世界上最大的浪费，最没出息、最可耻的表现。

有人引诱我当"三陪"女郎，怎么办？

如果有人引诱你当"三陪"女郎，你必须断然拒绝。为什么呢？所谓"三陪"就是一些舞榭歌台、宾馆、饭店为招徕顾客，非法雇靓女陪唱、陪喝、陪舞。但这只是表面现象，实际上，只要付"小费"，"陪"什么都可以，搞的是钱色交易，"三陪"成了卖淫嫖娼等色情活动的代名词。它不仅腐蚀了人们的思想，毒害了青少年的心灵，贬损了人格，侵犯了女性最根本的人身权利；而且败坏了社会风气，破坏了社会主义精神文明建设，危害社会治安，是社会罪恶的渊薮。

我国政府规定，色情服务是非法行为，要予以严厉打击，既打击从事者，又打击组织、支持、藏匿从事者的经营者，一经发现，严惩不贷。我们中学生应自重自爱，绝不能从事"三陪"，以身试法，只能毁了自己，危害社会。我们还应正告那些引诱你的人，我国《刑法》第26条规定："教唆不满18岁的人犯罪的，应当从重处罚。"《未成年人保护法》第53条也规定："引诱，教唆或者强迫未成年人吸食毒品或卖淫的，依法从重处罚。"

如果有人以金钱引诱你，或以"友谊"来胁迫你，你要提高警惕，严防上当。我们应树立正确的道德观和人生观。什么"金钱至上"，"人生的最高目标就是吃喝玩乐"等，都是腐朽的资产阶级的思想。我们应该懂得，在一切价值序列中，人格的价值是最高的。当"三陪"女郎，搞色情服务，虽得到了一些金钱，却拍卖了自己做人的尊严，贬损了自己的人格。俗话说，"自重者人重，人轻者由于己轻。"如果你甘于堕落，不但要为自己的人生付出惨痛的代价，为人们所不耻，而且，还必须承担危害社会的责任。我们绝不能糊涂地因小失大，一失足成千古恨。至于说"友谊"，那要看你要的是什么"友谊"了。"用蜜来诱你的不是好朋友"；"卑鄙与狡诈的开始，就是友谊的终结"；"友谊要用真理来巩固"。这些有益的格言告诉我们，引诱你当"三陪"女郎的人，绝不是你的好朋友、真朋友，跟这样的人没什么"友谊"可讲，你要断然拒绝与他们的任何来往！

如果你一时糊涂或出于好奇去当了"三陪"女郎，又知道自己错了，就应悬崖勒马，知错改错，并将有关情况如实告诉家长或老师、亲友，以取得他们的谅解和帮助，还应将经营单位和经营者的情况报告公安部门，以便及时查处。不能因要面子不敢告诉别人，不要妄想自己偷偷地改过。因为事实告诉我们，这样做是难以奏效的。当你犹豫之际，罪恶的手又会把你拉回深渊，你就会越陷越深而不能自拔了。我们更不能有破罐子破摔的想法，不要轻易地毁了自己的一生，那会追悔莫及的。

想克服占小便宜的不良欲望，怎么办？

我们人的欲望是当然存在的，有很多欲望是正当的、合理的、无可非议的；但是也有一些不良欲望，可能存在于我们头脑中，某些时候还表现在行动上，爱占小便宜就是表现较多的一种，这就是不应该有的欲望了。

贪图小便宜，在心理上说是具有较为强烈的占有欲望，它可能一开始很小，但通过一次次满足有可能不断膨胀，直至造成严重后果，因此有此不良欲望的同学要及早克服。怎样去做才能较好地达到这一目的呢？

一、从思想上充分意识到爱占小便宜会带来的后果，以思想的重视指导行动的戒除是最根本的。爱占小便宜虽一时得利，但你显然可以知道它可能被别人发现而大大损害了你所珍视的自身形象；会使别人因跟你在一起总吃亏而警觉你、疏远你，使你面临丧失友谊的危险；贪图小便宜的欲望只是在得逞的那一刻才有满足感，过后又陷于不满足、想进一步贪占的恶性循环之中；最后，清醒地认识到爱占小便宜不但不可能促使一个人树立大志、有所作为，相反很可能不断发展导致犯罪，贻害自身。真可谓"贪小便宜吃大亏"，看清这些，经常提醒自己这些，会有助于我们克服这一不良欲望。

二、每当遇到可能占小便宜的机会或自己的这一想法刚出现的时候，要果断地抢在做出行动之前脱离与刺激的联系，或转身立即为自己正常取得（如买来）与刺激物相同的东西。这时，可以告诫自己"小时偷针，长大偷金"、"不要拿别人当阿斗"、"快，拔腿就走，××事在等着你做呢"；如果正常拥有了原想贪占的物品，则可以心安理得地正面暗示自己

"这可是我买来的，用起来理所当然，也不怕给别人看见，要不然，恐怕现在心慌脸红、良心不安吧。拥有应当属于自己的东西感觉真好。"也可因自己未占小便宜而给自己某种形式的自我奖励。

三、对于有轻微爱占小便宜欲望的人和初次占了别人小便宜的人来讲，有效的措施便是果断地甩掉那点小便宜，不使它据为己有。这是因为，此种毛病对于一个正常的人来讲，本身就有一种道德上、心理上的被谴责感。据调查，当一个人初次占别人的便宜时，往往是在贪图欲望与道德廉耻矛盾的心理状态下进行的，往往在进行过程中有脸红、心跳、紧张等状态，这时，心灵的道德标准与贪求欲望激烈斗争。此时，即使是占了别人的小便宜，他（她）的良心也往往是不安的，心境是不平静的。此时，如果果断地、自觉地抛弃得到的小便宜，自信心和正义感就会起主导作用，并在心灵深处注射了"防疫针"。同时，由于小便宜未得到，那种不良的欲望也受到了抑制，并且由于对自己产生那样的念头和行为而感内疚，以至产生道德上、心灵上的终身"免疫"。

四、对于已有爱占别人小便宜积习的人来讲，虽然根治它难度要大些，但也可采取以上办法予以根治，同时，还应有更有力的措施。对于有爱占别人小便宜积习的人，很好的一个手段就是主动地诚恳地交结一位正直的朋友，把你的坏毛病及想改掉它的想法告诉他，请他来监督你、帮助你，并且要坚决听从这位朋友的劝阻。每发生一次占别人小便宜的事，就要立即告诉这位朋友，甘愿接受朋友的批评及处置意见。"近朱者赤"，经过一段时间，毛病慢慢就改掉了。

五、除了主观上的努力外，开展批评、自我批评，建立同学间相互帮助的氛围也十分重要。对爱占小便宜的不良习气给予批评，进行公众舆论的谴责，这种恶习就会丧失活动的市场。同时，当人们都能以互助互利的原则相处时，为社会贡献、为朋友帮忙就会成为一种美德，受到人们的称赞。

六、对别人的物品要有明确的界定。占小便宜成了习惯的人，其贪图欲望往往产生在对别人物品的喜好上，并且往往把别人的东西看成自己的东西。因此，有这样积习的人如果能常常对不属于自己的物品划一条警戒线，即便是别人的一针一线也明确"这不是我的，我不可以用任何不道德的手段据为己有"。长期这样坚持下去，就会取得很好的效果。

七、可促使自己积极地去做一些乐于助人、为他人、为社会奉献的好事。实践证明，当你为他人付出、因你的行为使他人获得好处时，不管受到别人的称赞与否，本人的感受是非常好的、很愉悦的。将这种感受与某次占小便宜后的感受对照，能起到正面引导的作用。

有好虚荣、爱炫耀的毛病，怎么办？

每当我们取得某项成绩或成功，受到表扬和奖励的时候，心里总是非常激动的，从心里产生出荣誉感来。但是，荣誉是人们对取得成绩、取得成功者的一种奖励，因此，它需要人们努力去创造，才能获得。如果我们只沉湎于荣誉中甚至不惜损害他人，不择手段地把别人的荣誉窃为己有，去到处炫耀，那就不是我们所说的荣誉感了，而是贪慕虚荣了。好虚荣、爱炫耀这对自己不但无利，反而有害。怎么改掉这种毛病呢？

一、正确对待荣誉

荣誉固然令人羡慕，但是它是建立在辛勤劳动的基础上的，只有不畏艰苦、努力奋斗的人，才能得到，要想取得荣誉，必须要有一番辛苦，不劳而获是不行的。荣誉是给予成功者的一种奖励，是他人对自己成绩的评价，它不是自谕的。自吹自擂，自己给自己戴高帽子，到处炫耀，是毫无意义的。荣誉是对你自己已经取得的成绩的一种评价，它只属于

过去，并不代表你的未来，将来是否你还能取得成功，是否还能继续进步，完全取决你今后的努力和奋斗。希望自己不断进步的人，总是把荣誉作为自己继续前进的动力，作为新的征程的起点，鼓励和鞭策自己一如既往，继续前进。而把荣誉作为炫耀的资本，贪慕一时虚荣的人，是不可能正确对待荣誉，并把荣誉作为前进动力的。

二、要谦虚谨慎，戒骄戒躁

毛泽东同志说过："谦虚使人进步，骄傲使人落后。"在荣誉面前，我们要格外地谨慎和冷静。因为，取得了一定的荣誉，并不等于自己就没有了不足之处，更不能说明将来不犯错误；况且，你得到荣誉时，会有很多双眼睛注视着你，他们在羡慕你的同时，还会与你竞争，你的压力也就大了，因此，对自己更要严格要求，不可骄傲自满。

另外，个人取得的成功，除了自己的努力外，往往离不开他人和集体的帮助。例如一名运动员获得奖牌，一名学生考上大学，其中有很多教员、老师、同学、家长以及其他社会力量的帮助。因此，荣誉并不能完全归于自己，仅仅归于自己是十分错误的。

三、莫把荣誉看得太重

现实生活中，有的人默默无闻地在自己的工作岗位上像老黄牛一样耕耘着，视名利淡如水，看事业重如山；有的人却是名利思想严重，得到了得意扬扬，得不到便心灰意冷；还有的人为了名利不择手段，让人鄙视。要淡泊名利，脚踏实地地去学习、工作。淡泊不是不思进取，不是无所作为，不是没有追求，而是以一个纯净的灵魂对待生活与人生的欲望和诱惑。

有了偷窃行为，怎么办？

　　青少年偷窃行为的产生有几个主要原因。首先，心理因素包括：当青少年不能拥有同侪（同侪指与自己在年龄、地位、兴趣等方面相近的平辈）或其他人所拥有的东西时，就会使用"不告而取"的方式，设法取得他想拥有的东西；当青少年得不到父母师长的爱，经常遭到拒绝，就可能以偷窃来企图补偿因得不到爱而受到的伤害；青少年为了得到同侪的承认，或迫于同侪的压力，会以偷窃方式取得财物与同侪分享；行为受享乐原则的支配，凡事都想不劳而获，容易受物质的引诱，如果加上侥幸的心理，就会采取偷窃的方式，以供自己的享乐；不正常的情绪发泄：偷窃不是因为个人所需，也非表达愤怒或报复，而是一种强迫性行为，从偷窃中获得快感。

　　除了上述心理因素外，环境因素亦助长了偷窃行为的发生。

一、家庭因素

　　父母忙于生计，无暇照顾子女，促使子女向同侪寻求文化认同，形成反社会行为；父母过于放任，对子女偷窃行为纵容，使子女逐渐养成从事偏差行为而觉得无所谓的态度；父母过于严苛，过度管制零用钱，使子女无法满足物质欲望而起盗心，或者子女遗失财物时，为了免受责罚，而去偷窃他人财物顶替；父母本身即从事偷窃等不正当行业，子女从小耳濡目染，根本不觉得偷窃是不正当的行为。

二、社会因素

　　社会飞速发展，可个别人的心态却畸形发展，误导了青少年的道德价值判断；大众传播媒体过于详实描写盗窃行为，无形中传授了偷窃技巧；传统守望相助精神减少，给予偷窃可乘之机；正当休闲场所太少，而不正当场所的诱惑太多，导致意志不坚的青少年沉沦其中而步上偷盗犯罪之途；青少年受到边缘青少年次文化的熏染，养成强悍、粗鲁、狡猾、听天由命的性格，反抗法律规章，藉偷窃追求刺激。

偷窃行为是违反法纪的，是涉及到一个人道德品质的大问题。极少数有了偷窃行为的学生应该怎么办呢？

一、不能自暴自弃

有的同学偶尔有了偷窃行为，被他人发现后，就觉得自己在别人的心目中永远是个"小偷"的形象，感到自己在他人面前抬不起头来。应该说，知道自己的错误是件好事情，但也不能因此就总觉得低人一等，甚至干脆不去上学，与社会上的一些不法分子混在一起。其实，一个人犯错误只要能勇于改正，其他人都会给予谅解和赞赏的。

二、分析原因，努力改正

要通过自己的努力，深刻了解盗窃行为的危害性，克服促成自己盗窃行为的因素。必要时可寻求老师、家长或其他人的支持和帮助。

三、要增强法制观念

偷窃行为是对自己、对他人、对社会都不利的。许多犯罪分子都是学生时代就"小偷小摸"，由于没有及时加以纠正，胆子越来越大，最后终于锒铛入狱。因此，有偷窃行为的同学不能抱着无所谓的态度，认为反正没有被人发现或者又没有触犯法律，就认为纸能够包住火，而一定要悬崖勒马，不能任其发展下去。

四、要杜绝与社会上的不法分子交往

社会上一些不法分子以偷窃谋生，以偷盗技巧"高超"为荣。如果

学生与他们混迹在一起，就会是非不分、良莠不清，最终可能走上犯罪道路。正确的做法是，应该主动地向父母或老师坦白自己的不良行为，请求他们帮助自己、监督自己纠正不良行为。

喜欢对同学搞"恶作剧"，怎么办？

团结友爱是一种美德，同学之间应该团结友爱。这通常表现在同学之间相互关心、相互谅解、相互帮助和相互促进等方面。正如周恩来总理所提出的"互敬、互爱、互学，互助、互让、互谅、互慰、互勉。"它有助于同学们彼此间切磋琢磨、取长补短、共同进步。但是，有的同学总是喜欢在同学中搞"恶作剧"，严重破坏了同学间的团结友爱。

所谓"恶作剧"，是指戏弄人的、使人难堪的行动。像在别人背后贴纸条、贴漫画；上课回答问题故意怪腔怪调；别人站起回答问题时，他悄悄抽掉别人的板凳，使别人坐下时跌落在地等等。这些都是损人不利己的"恶作剧"行为。那么怎样改掉这样的坏习惯呢？

一、要提高自己的素质和修养。马克思说："你希望别人怎样对待自己，你就应该怎样对待别人。"这不仅教我们怎样去做，而且教我们以怎样的思想、态度去做。在同学中"恶作剧"，就是不尊重别人，没有道德修养的表现。要想别人尊重你，首先你要尊重别人。试想，如果你被别人"恶作剧"了，你会是怎样的一种心情呢？

二、我们每个学生，都生活在班集体之中，良好的班集体有助于个人的成长。每一个有作为、有修养的学生，总是力求在自己周围造成友好的气氛，以主人翁的精神，关心班集体，关心每一个成员，团结友爱，积极为集体做好事。而不能以"恶作剧"形式来达到自我刺激，自我满足的目的。

三、意识到自己有"恶作剧"的习惯，就一定要下决心改。当然，要改掉一种不良习惯，光有决心还不够，得有恒心和毅力。同学之间相处时，一旦发现自己有做得不好的地方，就要及时地、真诚地向别人道歉，以取得别人的谅解。

"恶作剧"反映了一种不健康的表现欲，既损人又不利己，以满足行为人个人乐趣为目的，其他观看者或被恶作剧的人不一定也会觉得有趣，而且往往适得其反地令人憎恶。这种恶作剧有时已经达到了欺凌或犯罪的程度，可能会面临始料未及的严重后果。我们应该要把这种表现欲通过正常的方式表现出来，想办法用到为班级、为同学服务活动中去，这样不仅满足了自己的表现欲望，又对集体有利。

在公共场所有乱扔废物、乱吐痰的习惯，怎么办？

有同学常会在公共场所乱扔废物、乱吐痰。老师和家长对其多次进行教育，可就是改不掉。你要说他是故意的吧，他乱丢乱吐时根本就没意识到。你说他是无意的吧，他一而再，再而三，实在令人生气。这叫习惯成自然！不过，这可不是什么好习惯。一个整洁优美的环境是要靠人维护的，环境的优美与恶劣，对于人的心理有着极大的影响。随便乱扔乱吐，实在是一种可恶行为。养成这种坏习惯，究其原因，主要是自身素质差，自小没受到良好的教育，因而没能形成良好的习惯。既然是坏习惯，就一定要下决心改。那么，如何改掉这种坏习惯呢？

首先，要提高自身素质，培养文明习惯。在公共场所乱扔废物乱吐

品德修养之知耻篇

痰，是一种极不文明的行为。从你自身来讲，是一种缺乏教养的表现。试想：一个外表再美的人，在公共场所乱扔乱吐，你会认为他有教养吗？公共场所的环境卫生，一方面需要清洁工人清扫，另一方面要靠大家自觉保护。清洁工人不可能一天 12 小时都不停地清扫。如果大家都养成好习惯，尊重清洁工人的劳动，我们的公共环境卫生还会差吗？公共环境卫生的好坏，反映一个国家的文明程度。只要你能认识到这几点，就不怕改不掉这个坏习惯。

其次，出门要做好准备工作。在门前，检查一下手帕、手纸是否带上了。要吐痰，拿出备好的手纸；要外出旅游，需要在公共场所用餐，拿出备好的塑料袋，将瓜皮果壳扔在塑料袋里，路上遇到垃圾筒，随手扔进去；没有垃圾筒，就把脏物带回，扔在门口垃圾箱里。开始你可能不习惯，坚持几次或十几次，你就非常习惯了。以后叫你随地吐痰，随便乱扔废物，你都会吐不出口，扔不出手了。

 看见雪白的墙总想涂写、作画，怎么办？

我们常会看到一些名胜古迹上刻有 "×××到此一游" 的字样。好端端的一座塔，一座亭子，上面歪七竖八地刻着谁也不认识的名字，真是大杀风景！我们有些同学也有这种坏习惯，看见雪白的墙，总忍不住乱涂乱画，使得漂亮的建筑物十分不雅观。这样做一是不尊重别人的劳动；二是破坏了环境美。它是一种没有教养的表现，是一种可恶的行为。那么，怎样才能改掉这种坏习惯呢？

一、要提高自身的文化修养，培养自己的审美情趣

建筑工人盖好房子，把墙刷白，本是为我们创造一个美的环境。因为美的环境，能给人以美的享受、美的陶冶、美的启迪；美的环境增添人们的生活情趣，有益于人们的身心健康。这么美好的东西，你何必去破坏呢？因此，当你有了一定的审美情趣，和较高的文化修养时，就再也不会乱涂乱画了。

二、要培养自己的控制能力

一个心理正常的同学，当他认识到这种行为的不光彩后，他就能控制自己。这种行为就好比自己穿了一件雪白的衬衫，别人把蓝墨水洒在你身上；好比你正在沐浴灿烂的阳光，遨游在秀丽的山水之间，聆听鸟鸣，漫步幽美的园林亭榭，此时，突然一股恶臭扑鼻而来。如你认识到这种行为的可恶，就完全能控制自己了。

三、注意力转移法

如你自己的自控力确实很差，看到雪白的墙就想乱涂乱画，可以采取注意力转移法。如这种动机一出现，立即逃离此地，去运动、去看书或去欣赏音乐等，这样也可以起到克制自己的作用。

 常常扔剩馒头、油条等，怎么办？

一些学生寄宿在学校里，常有随手扔掉吃剩的食物，如油条、馒头、饼干等的坏习惯。有时候甚至拿这些食物当"武器"相互射击，并认为这些东西是自己花钱买的，扔掉与别人无关，或是觉得吃剩下的食物随手扔掉显得潇洒大方，若是收起来带走，有点"小家子气"。对此，同学们不妨采取以下的方法：

一、亲自体会一下"锄禾日当午"的滋味，领略一番劳动的艰辛。然而不能浅尝辄止，不但"锄禾"坚持到"日当午"，而且要挨到又渴又饿。此时呈上"盘中餐"，则不须任何人教诲，自然会连掉落在餐桌上的饭粒都一一拣吃干净。这就是教育家们所说的磨难教育，这样的教育效果是最强的。

然而，生长在大都市的同学不一定人人都有身体力行"锄禾日当午"的机会，不过"饥荒"这个词总该听说过吧？同学们要不忘祖训，居安思危。全世界每年都有数百万人忍受饥饿，因饥饿而死者数以万计。

二、"吃不了兜着走"。有的同学扔掉吃剩下的食物是为了不让人觉得小气，甚至玩"潇洒"。其实，无论国内的大款还是西方或港台的富翁，他们都不在餐桌上玩"吃"的潇洒，吃不了打包带走。而我们分文不挣的纯消费者——学生，更加没有资格玩食物的游戏，玩食物的潇洒。

三、"吃多少，买多少"。同学们若用餐时胃口不大，购买食物应当量"用"而"购"，不要仍像往常一样没有数量的变化。若对某个品种不感兴趣，也应少购或者不购，以免吃不了不好处理。当然，这也涉及了同学们寄宿在校时饮食方法和生活费的使用问题。

四、如果是食物本身质量问题不能食用，那也应该放置到食堂专用的堆积吃剩食物的容器中，不可随意抛弃，影响环境卫生，既害己又害人。

品德修养之自强篇

怎样培养正确的人生观?

人生观是人们对人生的根本看法,是世界观的组成部分。其主要内容有三个方面:第一,人生的目的,即人究竟为什么活着;第二,人生的价值,即怎样的人生才算有意义;第三,人生的态度,即怎样做人、做一个什么样的人。

青少年正处在人生观形成的过程中,在这方面可塑性是很大的。思想政治课《科学人生观》的教学,对于同学们奠定科学人生观的基础无疑有很大的作用。大多数同学都能正确理解科学人生观的道理,愿意为人民服务,知道应该正确处理个人和社会、个人和他人的关系,懂得应在现代化建设中为祖国建功立业,以实现和提高自己的人生价值。但是社会上的不正之风、腐败现象、利己主义、"一切向钱看"的思想,也给同学们很不好的影响,使他们对科学人生观的道理发生怀疑,或者认为那些正确道路只是"说说而已",在社会上"行不通",实际上"做不到"。追求个人利益,计较个人得失,追求物质享受,是一些同学表现出

165

的思想倾向。

正确的人生观就是共产主义人生观，是无产阶级对人生的目的、内容和意义的根本看法和态度。它是人类历史上最进步、最高尚的人生观。它是建立在马克思主义对人类社会发展规律和无产阶级历史使命正确认识基础上的科学的人生观。

那么怎样培养正确的人生观呢？

首先，需要在学习中树立。列宁曾经指出："严格的无产阶级世界观只有一个（人生观是世界观的一部分），就是马克思主义。""它把伟大的认识工具给了人类，特别是给了工人阶级。"我们掌握了马克思主义，就能够正确地认识人生，知道人类历史发展的趋势，就懂得"怎样做人"、"为谁活着"。无产阶级的人生观是不能在人的头脑中自发产生的，只有认真学习马列主义、毛泽东思想，才能培养自己形成正确的人生观。

其次，要在实践中培养。马克思主义人生观，单靠书本上学是不够的，还要在实践中学习，向人民群众学习。只有这样，无产阶级的人生观才能在头脑中生长，化为自己的血肉。邓小平同志指出："世界观的根本问题是为谁服务。"我们只有通过学习、实践，才能真正明确：我们为什么活着？怎样活才有意义？怎样做人？我们只有在实践中树立起为人民服务的思想，把为绝大多数人谋利益作为人生最高目的和最大幸福，我们的人生观才算是培养好了。

怎样树立正确的价值观？

学生时代是人生发展的最为关键的时期。时代要求我们要在学习生活各方面全方位面对和思考如何正确处理个体与社会的关系等一系列重大问题。我们要学会生存、学会学习、学会创造、学会奉献，这些都是我们将来面向社会和生活所必须具有的最基本、最重要的品质。其中，最核心的就是学会如何做人，学会做一个符合国家繁荣富强与社会不断进步发展所需要的人格健全的人；学会做一个能正确处理人与人，人与社会，人与自然关系并使之能协调发展的人；做一个有理想、有道德、有高尚情操的人。一句话，做一个有利于社会、有利于人民、有利于国家的人。这就要求我们每个在校学生必须从现在做起，牢固树立正确的人生价值观。

一、正确地对待权力、地位、金钱

"我哪有什么财富呢？作为一个学生，买不起车，买不起房，有时学费都交得紧紧张张，日子过得紧巴巴的，你看人家……"经常有人发出这样的感慨，其实我们对财富理解得片面了。财富并不只是权力、金钱，它们只是财富中比较引人注目的一种而已。

人的一生如潮起潮落，起伏难定，在潮头风光时要看到落到潮底的危险性，在潮底的时候则要有向高峰冲击的信心和行动。世界上什么样的奇迹都可能发生，其前提只有一点：我还活着，我要努力行动，我有信心，这是人一生中最最宝贵的财富。你没什么大出息，可是你毕竟考上了大学，前途光明。家很温暖——这份亲情是财富，终生值得珍惜。虽然你没有发财又很想发财，但没有去偷去抢去骗去胡作非为，勤俭持家，虽然不富裕，可还是乐于助人，亲戚关系融洽，同学朋友们喜欢与你在一起——这种善良品德、气节操守也是你弥足珍贵的财富。我们也许没觉察到它们的重要，但它们终究会给你一份回报。

你的抱怨表示你对现状有所不满，你在试图努力改变它们，在追求你想要的东西。这种欲望、上进心也是财富。也许现在的不如意、逆境、挫折乃至苦难都让你觉得难过，但这都是你的财富！人们常说，苦难是最好的学校，古今中外，凡成就大事业者，无一不是从苦难中走来的。

品德修养之自强篇

在逆境中，我们会经受各种考验与锤炼，百炼成钢，成就我们非凡的意志品质和能力，"苦其心志，劳其筋骨，增益其所不能"。逆境并不可怕，可怕的是你把它看成结局而不是过程。

二、正确处理理想与现实的关系

人是生活在现实和理想、物质和精神的世界之中的。现实世界、物质世界是人得以生存和发展的基础，理想世界、精神世界则是人生活的动力和价值取向。推动任何一个世界，都不能算是真正人的生活。我们主张每个人都应该获得一定的物质利益，反对的是将个人利益置于社会利益之上，唯利是图、损人利己。我们提倡的是将理想和现实、精神和物质统一起来，将个人利益和集体利益结合起来，把个人理想融入全体人民的共同理想当中，把个人的奋斗融入到为祖国社会主义现代化建设事业的奋斗当中。

树立正确的、科学的价值观，不仅要有马列主义、邓小平理论、"三个代表"等正确的理论为指导，更要勇于实践，在具体的学习生活实践中培养、形成和提升自己崇高的人生价值观。学生是作为未来社会建设者的一支重要生力军，影响学生人生价值观形成和发展的因素必然是多方面的，不仅需要调动社会、学校、家庭等各方面的积极性，共同做好工作，更需要我们每个学生自觉实践，勇于探索，读书好学，多思好问，革新创造，特别是注意要从点滴做起，从身边小事做起，求真务实，把学校和党组织的思想政治教育渗透到我们的日常学习、生活的各个环节之中，加强社会价值的行为规范，经过价值实践的反复强化，锻炼敏锐的思维，形成良好的判断能力，进而确立正确的人生价值观，努力使自己成为21世纪社会发展需要的那种会生存、善学习、勇于创新的复合型人才，这样才能在整体上有效地帮助我们每个学生树立正确的价值观，摆正社会价值和个体价值、道德价值和功利价值的关系，确实地肩负起建设有中国特色社会主义现代化的伟大使命，真正实现人生的价值。

怎样处理理想与现实的矛盾？

　　青少年富于幻想，有远大的理想和信念，对未来充满美好的向往。但是他们又是急躁的理想主义者，不能够正确估计现实生活中可能遇到的困难和阻力，以致在学习、情感等问题上遭受挫折，或见到生活中的一些丑恶现象，就容易引起激烈的情绪波动，产生严重的挫折感，有的青少年甚至感到悲观失望，严重的更是陷入绝望境地而无法自拔。

　　首先，我们必须认识到理想应该是崇高的，崇高的理想是人从事一切活动的支柱。有时理想碰到实际问题，人们会感到理想与现实的差距很大。理想高于现实，理想和现实确实存在着矛盾。因为理想本来就是人们对未来的美好目标的合理想象，它源于实践，高于实践，又能指导实践。从某种意义上说，这种矛盾正是历史前进的动力。要辩证地看待现实。

　　我们应该承认矛盾，正视现实中存在的种种不合理现象。目前社会上确实存在着个人主义、金钱万能、享乐至上的腐朽思想，在国家机关和干部中存在着官僚主义，以权谋私、索贿受贿等丑恶现象，但这绝不是我们党，我们社会的本质和主流。恰恰相反，正因为社会上还存在这些腐朽思想和丑恶现象，才更需要我们坚定信念，不懈追求，为人们向往的人与人之间的团结友爱、赤诚相见、风雨同舟、患难与共的局面的形成作出巨大的努力。此外，我们还应该看到今天的社会主义祖国，光明的、积极的，奋发向上的一面毕竟是主流，代表现实社会的总体方向。因此，我们要正视现实又不屈从现实，坚信真理定能战胜谬误，正义终将战胜邪恶。

理想境界的实现要靠我们去奋斗。理想应该是崇高的，而崇高理想又是包含在活生生的现实中。理想与现实的最佳结合就是放眼未来，立足现实，搞好本职，尽力贡献，以我们的创造性劳动来缩短理想与现实的距离，努力将理想逐渐变为现实。对中学生来说，就是应该珍惜时间，刻苦学习，掌握实现理想的实际本领，做到德、智、体、美全面发展，努力使自己成为在知识上有分量的人。

青年学生是祖国的未来和希望，建设高度文明的社会主义现代化强国的重任已经历史性地落在青年一代肩上，每一个有理想、有抱负、有志气的青年都应从我做起，从现在做起，从小事做起，积极投身改革实践，为实现生活的理想而理想地生活，把理想变为现实。

怎样培养高度的责任感

责任感，它是健全人格的重要组成部分。是指个人对自己和他人、对家庭和集体、对国家和社会所负责任的认识、情感和信念，以及与之相应的遵守规范、承担责任和履行义务的自觉态度而产生的情绪体验。责任感的培养是一个人健康成长的必由之路，也是一个成功者的必备条件。一个人的学识、能力、才华很重要，但缺乏责任感、责任意识、责任心，就会处处碰壁。那么怎样培养自己的责任感呢？

同学们随着年龄的增长，逐步形成了一种责任能力，能从自己在社会生活中所处的地位，认识自己所承担的社会责任，辨认自己行为的后果，并能控制自己的行为。人们一旦正确地认识和理解到自己应负的社会责任，就会在思想上把它当做份内的事，从而产生一种强烈的情感，并逐步形成意志和信念，自觉自愿地、积极主动地、创造性地去担负起

解决学生品德修养中经常遇到的问题

自己的社会责任来。

同学们在求取知识与技能过程中的积极的心态，就是同学们对学习的责任感，它体现在把学习知识、掌握技能认定为是自己对社会应尽的义务和责任，并形成一种持久而稳定的心理与行为特征。

在家庭当中也应培养自己的责任感，首先应该让自己成为家庭的主人。学生也是家庭的一员，完全可以承担自己该承担的家庭劳动任务，如扫地、拿碗筷、抹桌子、整理自己的小房间等等，做到自己的事情自己做，家里的事情帮着做。明确了自己作为家庭的一员，为家里出一分力，这也是培养责任感的重要方面。

人们自觉履行自身的义务，合乎道德需要，是为了有价值地生活，即对社会有所贡献。所以在平时，我们要注意培养自己热爱劳动、爱护公物、遵守社会公德和秩序，保守国家机密，拥护中国共产党和社会主义制度，维护国家的尊严，保卫和建设祖国，敬老爱幼、赡养父母等，这些都是培养自己责任感的重要途径。

另外，我们必须注意从点滴做起，来培养社会责任感，如认真完成老师留下的作业，认真复习并预习好下次课程的内容；懂得学习责任感与学习目的的一致性；经常去做对他人、对集体尽责的实事；通过社会活动、社会实践的陶冶，强化学习责任感和道德责任感，达到自觉、自愿地产生责任感的良好效果。

没有独立于社会之外的人。责任感是我们成人意识的重要组成部分，真正融入社会的基本前提之一。

怎样追求自我的完善

青少年朋友正处在人生的早春时节、成型时期。谁不希望自己是一个消除了种种缺点、弱点、不足，获得了全面发展的完善的人呢？虽然我们知道绝对完善的人是不存在的，但作为有主观能动性的人，特别是具有强烈的自我塑造欲望的青少年朋友，不断地追求尽可能的自我完善、不断克服自身缺点不足、不断得到新的发展，却是完全可能做到的。这就需要我们：

一、要树立远大的、崇高的理想

自我的理想应合乎自己的基本情况，合乎社会的要求，又应是高境界的，这样才能引导我们不受干扰，积极面对人生，向着目标迈进。它将使我们充实，它将引我们走向成功，它将推动我们个体的不断完善。

二、要加强自身的道德修养水平

继承我们中华民族优秀的传统美德与现代社会的新道德修养有机结合，如必要的文明礼貌、高雅的言谈举止、自觉的社会公德心、诚挚的爱心、高尚的为人民服务思想等，若我们身上具备了这些，必然使我们的形象大为改善，人格魅力十足，使自我不断走向完善。

三、努力提高、实现自己的价值

投身到集体之中、社会之中，投身到积极向上的社会生活之中，去提高自己的价值，去实现自己的价值，去用自己的价值为他人、为集体、为社会做出贡献以升华自己。完善的人不是固步自封的人、不是孤芳自赏的人、不是自私自利的人、不是庸碌无为的人，而是有能力实现自己价值的人。

四、在实践中学会自我评价，发扬优点、长处，改正并消除缺点、不足

只有充分地、客观地、准确地认识到了自身的优劣，所谓"自我完善"才能落到实处。当然这里所说的自我评价，并不排斥来自外界的反

映、来自社会的要求。"自我评价"是强调我们自己必须清醒地认识
自己。

五、积极地学习、掌握、运用、发展知识和技能

完善的人不是无知、空虚、浅薄的人,这就需要我们抓住大好时光,
学习、学习、再学习,用人类一切文明成果丰富自己、充实自己,去占
据人类社会发展的制高点并继续攀登。

我们应该在自身成长定型的关键时期,按照社会的要求、理想的人
生目标去努力进行自我改造、自我完善。

怎样改掉忌妒他人的毛病?

忌妒是对他人的才能、地位、大众评价等强于自己时而产生的一种
忌恨的情感,是一种很不健康的心理状态。忌妒的表现形式有贬低、诋
毁、诽谤、当面攻击、背后议论甚至破坏,它是我们在思想上、学业上
取得进步的一大障碍,妨碍自己与他人的正常交往,破坏人们之间的理
解、信任和友爱,对人对己都是只有害处而绝无益处,当然要努力克服
才是。不过话又说回来,忌妒心理几乎存在于所有人的内心深处,只不
过少数人特别强烈地表现出来,造成了不良后果。对此解决的办法有:

一、解决思想根源,提高自我的精神境界。跳出一己之私看待问题,
认真想想别人为什么比自己强,自有其各方面的因素(如刻苦勤奋、虚
心求教、踏实稳重等)的促成,仔细对照自己为何会不如他人,从中得
出有益于自己提高的必要结论而不致于片面忌妒;也要学会由衷地对他
人付出的努力表示赞扬,对他人取得的成绩表示肯定和钦佩。在一个更

高层次上看问题，就会有效地避免较低层次上的忌妒心理和忌妒行为。

二、注意当忌妒刚一滋生，就当即将它消灭在萌芽状态，当它已在疯狂地噬咬内心时再克制，已是不可遏止了。可以运用自我暗示的方法或向信任的人坦白心理活动以求化解，从对人特别是对自己的严重危害的角度出发，使自己消除忌妒，理智对待。

三、变消极面上的"嫉贤妒能"为积极面上的"见贤思齐"。凡比我强的人都应该成为我学习的榜样、赶超的目标，相信自己并督促自己能够通过不断的努力，在平等竞争中赶上和超过对方，这样，就能有效地转化有害的忌妒心为奋发向上的动力，而且一旦转化，这股动力的能量是不可低估的，在正确方向上释放出来，必有助于自己的进步。

四、豁达开朗，勇于承认别人比我强，找到自己的位置。忌妒者往往眼界不开阔，心胸很狭窄，看不到大千世界比自己强的人太多太多了，要是忌妒根本忌妒不过来。对于某些人具有的独到的优势不可能追赶上，我们就应善用理由（主观的、客观的）说服自己，告诉自己这并非因为自己的低能而致，也就心中豁达，不以为意了。

五、适当的转移注意力。忌妒总是指向具体的人和事的，因此，有意识地让自己注意的对象改变，具体的忌妒也就随之消失了。这一方法同学们不妨在丰富多样的学习生活中加以运用，效果是明显的。

人与人的差别是存在的，让我们用理智的、积极的心态看待比我们强的人，奋发努力，争取自身的不断进步。

怎样做一个气度宏伟的人？

有的人气量狭隘，受不得半点委屈，例如在听到别人的批评与事实稍有出入时，或是火冒三丈，暴跳如雷；或是垂头丧气，一蹶不振；或是自尊心受到侵犯，斤斤计较个人得失，丝毫不肯让步；有的人甚至怨恨难消，走上轻生的绝路。但是也有的人气量宏大，胸襟开阔，对于别人的批评责难，能十分宽容、忍让，听得进反面意见，对于误会毫不介意，能委曲求全，以大局为重。

气量的狭隘与宽容，并不是一个人的秉性，而是思想修养程度的不同。气量狭隘的人一方面是自尊心强，容不得别人对他说长道短；一方面又因眼光短浅，私心较重，在是非利害面前，不愿有丝毫亏损。气度宽宏的人也有自尊心，但能尊重他人，对于误解，善于忍让而不急于辩白、还击。另外，他们站得高、看得远，处处以党的事业、人民的利益为重，对于个人得失能处之泰然。

气量狭隘怎么办？既然气量不是天赋的，那就一定能从加强思想修养着手，开拓眼界，扩大胸怀，把自己锻炼成为一个气度宏伟的人。首先思想上要树立全局的观点，事事以党的事业、人民的利益、集体的利益为重，眼光要看得远，要看到大范围：先是国家民族，然后才是局部利益、个人利益，一切服从整体。时间也有个大范围：今天、明天、后天、今年，明年、后年，遵循事物发展的必然规律来谋求解决，不能违反客观规律急于求成。其次，在对待同学、老师、亲友之间的关系上，也要处理好。原则是：严以律己、宽以待人。俗话说：将军额头能跑马，宰相肚里好撑船。在学习、生活上，应该互相信任、互相谅解、互相帮助；受到误解和委屈，只能是推诚相见，而不能一味心存芥蒂，怨气冲天。

从心理学的角度来看，得到称赞和尊重，是人的基本需要。人都希望自己的工作，才能、成就受到社会的重视，被别人认可，希望有自己一定的社会地位，有应得的名誉，受到别人的尊重和认可。但是现实生活中，我们会遇到相反的意见，会遇到不喜欢我们的人，会遇到批评。如何来接受？

一、分析持反对意见人的心理

持反对意见人的心理特点往往是：他是从个人的角度和利益出发吗？涉及到个人利益，有的人就会偏激地反对和否定你。如果遇到这类情况，不是客观公平地看待你，那么用理解和宽容去接受。同时，为他的无知感到幼稚。如果对方的反对是在彼此理解的基础上，从大局出发的，那么我们应该认真接受批评和建议，吸收精华，改进自我。

二、克服完美主义

从相对论来说，美和丑，善和恶，光明和黑暗，幸福和痛苦，这些矛盾组合都是永远并存发展的。因此我们走出门去，遇到喜欢我们的人，也会遇到不喜欢我们的人。同样，我们会和自己喜欢的人一起工作，也会有不喜欢的人和我们相处。我们无法要求我们的眼睛看到的都是美丽，也无法要求全世界的人都喜欢自己。理解和接受了矛盾本身的存在，也就理解了别人为什么攻击和反对你，你也就坦然而平静了。

三、正确地评价自我

面对批评，不是自卑、放弃、灰心、伤感，而是正确地评价自我。换个角度，心决定路。对自我的正确认识，保持健康的心态很重要。我们在根据有关信息、线索对自我进行评价的时候，往往会受到他人的影响，情绪的影响，外界压力的影响，同时会从本人的经验归纳出对自我的看法和评价，有时候就不免偏激。认识到这一点，评价自我时就需要冷静的头脑。

在难题面前缺乏毅力，怎么办？

良好的意志品质是我们同学现在和将来的人生中不可缺少的一种可贵的心理素质，我们都应着力培养自己具有这种品质，特别是面对难事难题时。那么，怎样去培养呢？我们不妨先了解意志、毅力的三个特征，即：①具有一定的自觉目的；②在克服困难的过程中表现出来；③以一种受意识支配的、具有一定方向性的行动为基础。我们可以针对这样的特征相应地来努力：

一、加强目的性，强化正确的动机

形成高尚的、伟大的信念、理想、人生观和世界观对培养意志毅力具有头等重要的意义；培养强烈的荣誉感、责任感、义务感和道德感也对培养意志毅力起着不可低估的作用。否则的话，我干吗非要去克服困难做某事呢？所以说，伟大的目的产生伟大的毅力，强烈的动机推动有力的行动，高尚的情感孕育坚定的意志。想培养良好意志品质的同学应以此为根本入手。

二、从小事做起，从易事做起，从现在做起，逐步到大、到难、到未来

通过一个过程培养自己形成坚毅、顽强的品质。在我们的任何学习、劳动、科技活动、文体活动中，都可以获得为达一定目的而克服某种形式、某种程度的困难取得成功的锻炼，如标题中说的"难事难题"。通过日常的、具体的实践来磨练自己，是培养意志品质的基本途径，竺可桢几十年坚持每天记气象日记，就是小事磨练意志的典型。我

177

们可以先克服小困难，积累、发展，逐步克服较大的困难，直至巨大的困难。我们就从克服睡懒觉开始，就从不完成今天的学习任务不睡觉做起吧，你的毅力会逐渐增强的，会逐渐形成坚决克服困难的意志品质的。

三、自我暗示、自我激励、自我奖惩，促使意志品质的加强

如"考验你的时候到了"、"你是懦夫还是勇士，就看困难跟你谁压倒谁了"等等，如表现出一定毅力则对自己表扬一番、进行某种嘉奖，反之则自我批评和进行某种惩罚，这些也有助于意志、毅力的培养。

四、兴趣带来毅力

陈景润能埋头于"哥德巴赫猜想"的枯燥运算中 10 多年最终取得成就，正是对于数学的浓厚兴趣所致，不自知其苦，不必畏其难，兴趣所在，毅力随之，这样的例子不胜枚举。因此，我们中学生要有意识地培养自己在诸多方面的兴趣，由感觉而生兴趣、由需要而生兴趣、由理智而生兴趣，对于许多事"乐在其中"，从事这些事的过程中即使有困难也能克服，于是毅力就自然产生了。这是一种理想的境界，但完全可以达到。

五、坚持体育锻炼

坚持体育锻炼对培养意志也有极为重要的意义，因为：首先，"坚持"本身就是坚强意志的重要组成部分，许多体育锻炼"三天打鱼，两天晒网"或半途而废的人，归根到底就是缺少"坚持"二字，从这个意义上来说，学生什么时候能真正坚持体育锻炼了，他的意志也就坚强了。其次，体育运动是一项磨炼意志、锻炼意志的有效形式，体育活动更需要意志力的配合和参与。因此，我们可以在不影响学习的情况下积极参加各项体育运动，并且要坚持到底，这样，既锻炼了身体，也锻炼了意

志力。

以上这些归根结底，还是需要我们自己主观上的认识、自主性的行动来一一落到实处，不愿经过努力、只想自然拥有显然不可能。

要使自己具有坚韧不拔的意志，怎么办？

人生的道路总有坎坷，有时是严峻的挑战和重大的考验，平时看不出多大差别的人这时可能迥然不同：有的人被压倒，被迫退缩、放弃；有的人坚定不移，迎接挑战和考验。我们说，在后者身上，具有一种可贵的意志品质——坚韧不拔，可以预期他们必将驾着生命之舟，把定航向，越过激流险滩，到达胜利彼岸！同学们一定很希望能像这样的人，很希望培养自己能有这种意志，为将来走向社会、干一番事业打好基础，那么应当注意从哪些方面着手呢？

一、强烈的目标意识和使命感

意志之所以能够坚韧不拔，首先是因为意识到自己的目标、要求，清楚地越过眼前重重困难看到远处成功的召唤。有了一个对自己有无限吸引力的目标或者认为目标的实现具有着重大的意义，将极大地激发人们动员起全部力量去克服困难，愿意付出一定的代价而并不特别挂怀、反复权衡。

二、强烈的自信心

成就事业就要有自信，有了自信才能产生勇气、力量和毅力。具备了这些，困难才有可能被战胜，目标才可能达到。相信自己有能力、有

179

决心实现计划，可以在这个过程中不断自我鼓励、自我推动，坚持到底，最终成功。缺乏自信的人一遇困难就打退堂鼓，甚至连一道题复杂一点都不想凭自己的力量解出它，更何况大的考验和挑战呢？

三、系统固定的计划

有了计划，奋斗就有了明确的目标和具体的步骤，就可以统筹行动，增强主动性，减少盲目性，使奋斗有条不紊地进行。制定为达到目标而进行的分步骤、分阶段的周密计划时，要让计划有约束力，你的行动应严格按计划去进行，大的困难就被分解，漫长的路程就有了驿站，一次次执行完毕只不过是克服一个个小困难，但最终实现的却是辉煌。勿空想，求实干！

四、精确可靠的知识

坚韧不拔并不是盲目蛮干，也不是一股狂热冲动下的瞎干，而是基于坚实的、全面的知识储备，基于深思熟虑、有充分根据的勇敢刚毅。知识是前人总结的宝贵经验，掌握扎实的知识，就为做事奠定了理论指导的基础，也只有这样才能有效地避免盲目，增强目的性和时效性。

五、自主自立与协调合作的结合

有自主自立的能力，知道自己应该做什么，应该怎么去做，不盲从他人，不随风倒；但又不孤立自己，而积极寻求与他人的合作，接受他人的有益建议，更有把握地前行，去实现目标。

六、专注、踏实的习惯

日常就注意哪怕一件小事，或者一件不难但繁杂的事，决定做了，就必须做，就坚决去完成它，日久天长，你就有了坚韧的意志，遇大事、难关也能轻松应对了。

遇到困难爱打退堂鼓，怎么办？

在日常的生活、学习中，有的同学在遇到困难时，缺乏克服困难的信心和勇气，因而常常退缩，致使许多事情都半途而废。

中学生遇到困难爱打退堂鼓的原因主要有三个方面：①在行动前没有明确行动的目的、意义，不能有意识地支配自己的行动，缺乏行动的自觉性；②面对困难，缺乏解决困难所需的知识、方法和经验，没有解决困难的信心；③还没有养成以全面的、发展的观点思考问题的习惯，过高地估计困难，过低地估计甚至看不到自己和集体的力量。

应当怎样克服这种不良习性呢？

一、要从思想上明确自己生活、学习的目的，并以客观的眼光来看待一切困难，认识到它们不过是自己生活道路上的一些沟沟坎坎，不过是奔流直下的大河中的几个小小漩涡。也就是说要从战略上蔑视困难，树立克服困难的信心，增强克服困难的勇气。只要我们勇敢地面对它，用乐观的精神和自信的态度挑战它，就没有不可战胜的困难，胜利一定属于我们。

二、要冷静地、正确地识别困难。首先要认识困难的性质，是属生活上的，还是属学习上的。是客观存在的，还是人为造成的。然后再仔细分析困难之所以成为困难的原因，是它确实超出了自身的能力范围，还是自己存在这方面的某些缺陷，亦或是认识不足，一时还未找到解决的途经，这就是所谓"知己知彼，百战不殆"。

三、要认真地、积极地寻求解决困难的办法。认识了困难的性质和形成原因，我们便可以采取措施，对症下药了。例如，对于许多中学生

来说，记英语单词是一个"老大难"问题。这主要是由于英语单词本身的复杂多变造成的，这时我们不应回避，而应知难而进，可以广泛地阅读一些参考资料，如《英语单词速记法》、《四千单词百日通》等，寻求一些科学的记忆方法，如利用音标记忆、利用构词法记忆、对比记忆等，并要下一定的功夫，这样记起来就比较容易了。

四、平时注意积累，尽可能在平时多学一点，多培养一点解决困难的能力，在关键时刻将受益无穷。当然，有的困难是自己根本无法解决的，那时还是应向他人求助，以便尽快解决困难，扫除前进道路上的"绊脚石。"

五、要借助集体的力量来克服困难。集体的力量是巨大的，只有把自己和集体融合在一起，才能感到自己力量的雄厚，才能增添自己克服困难的毅力和信心。

总之，遇到困难时我们应该勇敢面对，俗话说：困难像弹簧，你弱它就强，你强它就弱。毛主席也说过"世上无难事，只要肯攀登"。不经历风雨怎么见彩虹，无限风光在险峰，不一步步登上险峰，就体会不到困难被我们踩在脚下的成功喜悦，欣赏不了"会当凌绝顶，一览众山小"的无限风光。

 处在顺境中怎样戒骄戒躁？

同学们可能已经在学习、生活中取得了一定的成绩，获得了不少的荣誉，赢得了许多的好评，体会到了成功的喜悦，甚至陶醉于激动和幸福之中，这便是我们所说的顺境。那么，处于这种得意境界的同学应当切记：人生不可能永远一帆风顺、万事如意，身处顺境时更要戒骄戒躁。

所谓居安思危才会永远享受高枕无忧的开心和快乐，才能在原有的基础上不断有所突破、有所进步。好在不少同学也已经意识到了这一点，但往往很难抑制自我的兴奋、喜悦和得意，那么怎样才能真正做到在顺境之中戒骄戒躁呢？

一、学会清醒、理智地分析自我、认识自我。不要因为一时的成功而以为自己什么都行、什么都好，以为世界已经向自己敞开温暖的怀抱，觉得万事都可以顺顺利利地进行了。而是要更充分地认识到自己的不足、与他人相比的劣势，并为了有效地抵制成功的自得，你可以适当放大自己的缺点和不足，把它摆到"影响自己进一步发展"的严重程度，用来冲淡欣喜若狂的感觉。对自我的客观全面的把握有助于克服"被胜利冲昏头脑"的危险。很多人就是因为没有认识到骄傲自满的危险，才走进失败的深渊的，如果你也是这样，就很难保证自己不是下一个方仲永了。

二、回顾和总结自己现在获得成功、受到荣誉的前因，得出今后该如何去做的正确结论。俗话说"一份耕耘，一分收获"，现在的辉煌必是因为你已经付出了大量的时间、精力和汗水才得到的。那时候的你可曾沉醉过？相应的，如果现在沉醉于辉煌，则未来辉煌不再；只有照以前那样继续努力下去，才有可能迎来新的辉煌。用这种"情景移位法"可以帮助我们跳出当前的小情景，打通过去、现在和将来的隔断，指导我们的行动不发生任何的偏差。

三、让自己的身心投入紧张充实的学习生活，去学、去掌握、去提高、去创造。鲁迅先生曾经说过一句话：人的精力是有限的，用在这方面的精力多了，用在那方面的精力必然会减少。一般来说，成功和赞扬总是容易使我们频频回忆这些美好的瞬间，不断体验喜悦、陶醉的感觉。这样用于体验喜悦、陶醉的精力多了，用在学习上的精力自然就少了。针对于此，我们应当不断地给自己设定新的目标和方向，让自己努力去实现新的任务和目标，让它们占据我们空闲下来的思维和行动的空间。这样既能克服易出现的骄傲自满情绪，又有利于自己的进一步提高，可谓一举两得。

四、"顺境的美德是节制"。中华民族是一个有着悠久历史的礼仪之邦，讲究谦虚礼让是我们的传统美德。因此，每当遇到顺境时，要告诫自己更加谦逊，与别人交往的时候更加注意方式方法；在平时，要更加刻苦努力，让自己的才能尽情地发挥，把事情做得尽善尽美，无愧于得到的荣誉和赞美。"哪怕是对自己的一点小的节制，也会产生巨大的力量。"对顺境中的你来说尤其如此，自我克制会产生自我认识的力量、自我约束的力量和自我推动的力量。更好地认清了自己，以后的路才会走得更顺畅。

逆境中的成长对很多人来说是很难的，但要在顺境中把握住自己、把握住人生、把握住未来则更难。这是对人的一种挑战，也是对自我的一种挑战。

遇事容易冲动，想学会理智处事，怎么办？

我们在个人成长和日常生活中，总会遇到各种各样的事情，这其中有不少是我们未曾料到的、不愿碰到的、不能接受的，这时我们作出怎样的反应就很能折射出我们驾驭自己情绪、情感的能力。有的同学一遇此类事便反应过度，情绪冲动，或因高兴之事狂喜，或因伤心之事而绝望，或因气愤之事而发泄，等等。往往当时冲动之下说了过头话、做了过头事，头脑清醒之后悔之晚矣。那么，怎样才能克服好感情冲动的毛病而学会理智处事呢？

一、自我暗示法

容易感情冲动的同学自己平时是知道的，以前肯定犯过，于是在又面对容易激起冲动的事时，可以抓住时机提醒自己："我好冲动，现在最需要的是冷静!"、"在头脑发热时，不要做出任何决定!"等。默默多念几遍，力求使自己的情绪回到理智的范围中来，再冷静考虑自己处理这件或那件事的态度和做法。

二、反向驱动法

即自己面对某事本来的反应是什么，那就有意识地迫使自己努力做出相反的反应来，效果会意想不到。比如，有人告诉你："某同学在背后说你坏话"，你原可能勃然大怒，立刻找他去；现在你可以笑起来道："是吗？你还别说，他讲的这些还真是我的毛病呢! 我要谢谢他，还要请他当面给我再提点意见。"可以预料，结果对方会很不好意思地解释，而别的同学也会钦佩你的大度、虚怀。

三、推迟愤怒法

当某一事件触发了你强烈的情绪反应，在表达愤怒情绪之前，先为自己的情绪降降温，比如，在心里对自己说："我3分钟后再发怒。"然后在心中默默地数数。不要小看这3分钟，它在很大程度上可以帮助你恢复理智，避免冲动行为的发生。

四、环境转换法

在情绪即将失控的时候，请赶快转换一个环境，你的注意力和精力也会相应地转移，可以使即将失控的情绪得到平息。值得提醒的是，你的行动必须及时，不要在消极情绪中沉溺太久，以免最终酿成情绪的失控。

五、描述感觉法

当你情绪激动的时候，可以试着把注意力放在你身体的感觉上，去感觉"我现在心跳很快"、"我现在脸很红"、"我现在呼吸急促"等，当你关注自己身体的时候，实际上是将关注点从事件上转移了。

六、培养与人沟通的能力

不生气的时候，去和身边的人谈谈彼此，听听对方最容易发怒的事情，想一个沟通感情的方式，注意不要生气。也可以约定写张纸条，或进行缓和情绪的散步，这样你们便不会继续用毫无意义的怒气来彼此虐待。经过几次缓和情绪的行动之后，你会发现冲动是多么愚蠢的一件事情。

七、让冲动在运动中消失

心理学家发现，运动是有效解决愤怒的方法，尤其是多参加户外活动，主动做一些消耗体力的运动，如，登山、游泳、武术或拳击等，使不快得以宣泄。当感觉自己的情绪无法控制时，可以主动做一些运动，让冲动的情绪随着汗水一起流淌掉。

八、寻求建议、帮助

冲动时会产生一些想法，先别急于付诸实践，以免覆水难收。俗话说："旁观者清"，可向自己信赖的、亲近的人讲出你处理此事的想法，他人对此提出的看法和建议，可能会优于作为当事人的自己所要采取的行动。

总之，经常冲动是不好的，它会使我们常常做出一些草率、简单、粗暴的行为，对人对己都不利。青少年朋友，应尽可能避免冲动，学会理智处事。

# 学习和做事总是不踏实，怎么办？

"脚踏实地"是我们对人的赞美，也用来表示对人的一种期望。脚踏实地、一步一个脚印、实实在在是一种可贵的品质，它的对立面是"浮"，是"华而不实"、"言过其实"。它们作用于人会导致不同的结果：可能你并不聪明，思维并不敏捷，但若能沉下去努力，踏实地奋进，你就会成为一个掌握丰富知识和能力的人、一个有成就的人；可能你挺聪明机灵，接受和反应能力都挺快，可是你靠小聪明，不愿付出艰苦的努力，最终你会一事无成。这并非危言耸听，有无数的例子可以证明。我们青少年朋友应努力戒除自身易"浮"的毛病，培养自己脚踏实地的品质，以利于自身成长。

一、戒"浮"求"实"，应该从思想上解决认识问题，真正下决心去克服、去培养。不要自以聪明为所长，要以勤奋为必需，聪明好比花蕾，如果不以实实在在地努力去浇灌，也是不可能长出绚丽的花朵的。从历史上看，埋头苦干终于有成的人物如李时珍、爱迪生等，到身边踏实学习的同学，再到自己本可以成绩更好些，但因不能勤奋用功而不理想的现实，这些可以促使自己重视"浮躁"为自身前进的障碍，主观上建立克服它、讲求踏实的内心动机。

二、用具体的做法引导自己踏实地学习、做事。如上课要求自己记笔记、回答老师的问题；如像陈毅同志说的"不动笔墨不看书"，避免对应当掌握、钻研的知识浮光掠影式地浏览；如考试时迫使自己复查到铃声响再交卷；如生活中给自己规定仔细观察某种事物并进行细致描述刻画的任务，等等。良好的品质总是通过具体行动来体现，当然也是可通过具体行动来逐步养成的。让自己对学习、生活中的事都规定具体可操作的各项指标，并进行自我检查和评价，以在实践中养成踏实的习惯。

三、时时进行自我督促。学习、做事易"浮"的人，往往自己可以意识到，所以可在遇事时进行自我暗示"我有易浮不实的毛病"等，使自己定下心来，切实做好面前的事。当然还可选择一些有关的格言警句作为座右铭提醒自己，形成习惯。相信经过长期的自我督促，我们会渐渐转变自己的做事态度，也就达到了纠正浮躁的效果。

四、从磨练自己的意志入手，在日常中多注意培养自己应具有坚韧不拔的意志、克服困难的毅力、深沉稳重的性格、认真负责的态度和冷静细致的作风，这些更高层次的追求中自然包含着使我们远离"浮躁"趋向"踏实"的因素，在这个过程中相应地也就培养了我们踏踏实实的作风。

五、寻求外在督促。有的同学可能因为自己的自制力差，自己难以很好地把握自己，以至于有时因不坚决而难发挥效力，那么也就有必要寻求外在的监督了。可以请家长、老师或者同学作为自己的监督者，及时纠正自己做事时不踏实的行为。由于外在的（家长、师长等）要求能更客观地对待自己，也比较稳定有效，所以是一个不错的选择。

成功者立在辉煌的终点，他的背后是一串长长的、深深的、浸着汗水的足印。我们要想成功，就要一步一个脚印地向前走。

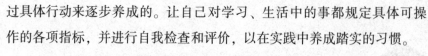

兴趣爱好总不能持久，怎么办？

一位同学一开始对集邮很感兴趣，准备了集邮册，订了《集邮》杂志，常往邮局跑；没多久又喜欢上了书法，把集邮本送了人，买来纸、墨、笔、砚、字帖，练将起来；可现在，练书法的一套东西堆在一旁落灰，他又迷上了摄影……像这位同学这样见异思迁，可以断言任何兴趣都难以持久，当然更说不上结出丰硕的成果了。不能使自己的兴趣爱好持久的人，是没有恒心的人，不利于今后的发展，到头来可能一事无成，因此确实应当着力克服。那么，怎样培养我们稳固而持久的兴趣爱好进而培养我们的恒心呢？

一、兴趣的出现之初虽是自发的，但深入地维护下去则需要自觉了。在自己对某种活动、某样事物产生浓厚的兴趣之后，要加以认真分析，我们所看到的他人从事这项活动所取得的成就背后是长期地、持久地努力。正如这样一句歌词："不经历风雨，怎能见彩虹？没有人能随随便便成功。"我们既要看到"彩虹"，更要想到它前面的"风雨"才行。然后再权衡自己如果投入这项兴趣是否有了充分准备。考虑满足这项兴趣要付出的时间、精力、热情、耐性的现实性和可能性。成熟的人不是贸然行动，而是深思熟虑后理智地进行。

二、兴趣爱好真正确立后，要注意在过程中及时给自己一些正面的鼓励，获得一定成功的喜悦。如果一段时间后进展不大，望望前面路途漫长，就易兴趣降低甚至放弃了。所以，就应激励自己！如练习书法时，有意留下第一次写的一张，一周后、半月后、一月后不断地自我对照，也可请行家评判，充分肯定进步，以激发自己进一步提高的信心和动力。

三、列出长期的计划，将兴趣爱好化为必须完成的任务、必须战胜的考验，而非可有可无的点缀。一般来说，明确的任务观、考验观，容易调动起我们自身的种种因素去努力完成。这可以做为自我要求，也可以转化为外在（如父母、师长、朋友等）要求，督促我们自己。但要注意不能把它当做一种负担，否则将事与愿违。只有从中不断得到快乐，才会真正对之兴趣不减。

四、多结交一些有相同爱好的朋友，一起探讨共同的兴趣爱好，交流心得。这样能更好地让自己感受到其中的乐趣，也就能保持对这种兴

趣的吸引力。当然，大家还可以一起开展一系列与共同兴趣有关的小活动，促进对这种兴趣的了解。只有不断发现新问题，才会有新鲜感，也才能保持这份兴趣。

青少年时代总是容易产生这样那样的浓厚兴趣，同学们的兴趣不应该是昙花一现，而应该能精心培育、开花结果！

想改变怯懦胆小的性格，使自己勇敢起来，怎么办？

中学生中有一些人遇事谨小慎微。遇到陌生人或老师、遇到人多的场合好退缩回避；对某些需要勇气或冒一定风险的事十分畏惧，不敢尝试；对别人于自己的看法很敏感，唯恐哪儿做得不好让人耻笑……凡此种种都表明你具有怯懦胆小性格，亟待改变，否则将严重制约你的成长、限制你未来发展的可能性，严重的甚至可能影响你的身心健康。同学们正在生长发育，性格也完全是可塑的，应积极努力，促使自己摆脱羞怯畏惧，获得自信、勇敢、刚强、敢于承担风险迎接挑战的性格。

要想改变，首先应明了导致怯懦胆小的主要原因。一般说来，造成胆怯畏惧的因素主要有：①少儿时代所受父母、家庭的过分呵护和保护式指导或者过于严格刻板的管教所致。②具有内向型和抑郁气质特点，易表现出胆怯、紧张拘束等。③比较强烈的自卑感所致，总是对自己缺乏信心，总觉得不如别人。④由于青少年时期自我意识的增长，常担心遭到别人否定，因此以退缩回避进行心理的自我防御。

对付怯懦胆小的性格虽有些行之有效的方法，但无不需要自己的主动、积极，任何脱离自己主观努力的方法都是不存在的。

一、尝试迈出第一步，在实践中建立和发展自己的自信心。勇敢的人首先是自信的人。要通过对比说服自己比别人的某些方面更具优势，要通过尝试证明自己完全可以像别人一样、甚至更出色。学习、生活、交往中，有很多个"第一次"，迫使自己去开始，一旦开始了，就会发现并非原来想象的那样难，更会发现一个新的自我在逐渐形成，坚定的自信心也就逐渐生成。它将帮助你克服怯懦，遇事敢于展示自己的自信。

二、正视自己的怯懦胆小。它外强中干，你强它就弱，要勇敢地面对它，下决心从现在开始永远不让它支配自己，即使是平常的小事。罗斯福总统有句名言："最值得恐惧的是恐惧本身。"朋友们，振作起来，当你向心中的怯懦畏惧心理"开战"时，就会发现它并非不可战胜。

三、反向驱动法。当你感到怯懦胆小时，应该马上战胜它，否则积久时日，将固定这种心理，更难突破。列宁有次与友人去登山看日出，抄近路从一处险峭的崖壁攀援而上，回来时他拒绝了友人从另一条较宽较平的路走的建议，仍从原路返回，他解释道："登上来时我觉得有点害怕，我不能让它压倒我，让我以后永远害怕!"

四、清醒地、充分地认识自我。勿因一些不足而全盘否定自我，要正确评价自己，也要看到他人的不足之处，心理上与其居于平等地位。

五、积极观察他人，与他人交流，有意识地模仿他人的从容举止、果敢言行。

六、自我暗示法。遇事自我暗示："没什么可害怕的"、"紧张无济于事"、"勇敢起来!"……

怎样使自己拥有充分的自信？

有人曾经说过，自信是成功的一半。拥有自信的人，在学习中才能更好地处理困难和挫折。自信心也是我们良好的心理品质的重要方面之一。自信就如同人生中的阳光，给我们以力量；自信就像大海航船上的风帆，可以使我们在汹涌的波涛冲击下永远向前；自信就是黑暗中的航标，给我们指明了前进的方向。可以这么说，人可以失去一切，但不可以失去自信！同学们应该从学生时代就锻炼自己常葆自信，这样才能为今后的成功人生打好基础。

要使自己总是拥有充分的自信，特别是在失败时、困难中、挑战面前，我们应该做到：

一、从不失去对自己的正确估价和全面把握

一个人只有充分地认识了自己，知道自己究竟在什么水平，才会胜不骄败不馁，永远自信——建立在客观公正基础上对自己所具有的信心。经常分析和了解自己的优势和弱点、长处和不足，知道自己的价值所在，就会"不以物喜，不以己悲"，特别是失利时不致把自己看得一无是处、动摇和丧失了信心。

二、用努力学习去培养、发展我们的自信

保持自信的最好方法莫过于经常注意培养和发展自信。学生时代最引人注目的焦点，是来自于学生的骄人成绩。一个成绩好的孩子，总是会得到众人的钦羡。这样的孩子也很容易获得自信。可以给自己规定经过一定的努力可以达到的目标（切记不要好高骛远），并且全力争取达到目标。

三、通过展示特长来巩固自己的自信

除了学习，还可以通过在集体中或者与别人交往时，来展示自己的特长，以此来获得外界的肯定。一旦遇到这样的机会，千万不要放过。这可以帮助我们巩固原有的自信，增添新的自信，激发我们向更高的目

标迈进，形成良性循环。李白有诗"天生我材必有用"，一个成绩不是很好的孩子，一样可以拥有满满的自信。

四、用体态语言维护自信

一个从表面看上去就萎靡不振的人，总会让人在不经意间忽略掉，所以体态语言很重要。什么是体态语言？比如说敢于正视别人，不要眼神低垂或闪躲；加快走路速度25%，不要拖沓缓慢无力；抬头挺胸收腹，不要低头含胸松弛等。这些都有助于暗示你自己是一个充满自信，以自己的表现为荣，明白自身价值的人。另外，整洁清新的外表、清楚有力的话语都能够帮助自己不知不觉地保持充分的自信，或者感到自信在不断增长。

五、用一些小方法找到自信

每天洗漱的时候，对着镜子说："自己是最棒的!"遇到挫折的时候，暗暗给自己打气："下次我一定可以成功!"在成绩考得不尽如人意的时候，告诉自己胜败乃兵家常事。通过这样的方式，来帮助自己面对生活、学习中的挫折和困难，一定可以让自己尽快找到方向，变得自信的。

当然，总能保持自信的根本原因还在于我们能在人生当中不断战胜失败、困难、挑战，也不断战胜自己。在遇到困难的时候，给自己加油打气，让自己昂然屹立在困难面前，坚持不懈地努力，不断从胜利走向胜利。从这个意义上讲，自信就等于信心加上决心再加上恒心的结果。但是切记，自信绝不是自傲，一定要不断告诫自己，要戒骄戒躁，否则成功只能和自己擦肩而过。

怎样正确地看待自己？

在现实生活中，我们会看到：有的同学在学习或工作中取得了一点成绩，就沾沾自喜，认为自己"聪明过人"、"智力超常"，导致骄傲自满、固步自封；而有的同学遇到一点困难或挫折，就灰心丧气，认为自己什么都不行，"前程无望"，甚至于甘居下游。为什么会出现这些现象呢？归根结底，是因为这些同学未能正确看待自己。

我们怎样才能正确看待自己呢？

一、学一点辩证法

唯物辩证法的根本观点是承认矛盾，主要用联系的、发展的、全面的观点看问题。青少年学生在成长过程中，要学会全面地看问题，即运用一分为二的观点，既看到这面，又看到那面。对自己也要一分为二，既要看到自己的优点和长处，不妄自菲薄，又要看到自己的缺点和不足，不盲目骄傲。辩证地看待自己，才能真正地把握自己。

二、学会正确地认识自己

既要了解自己的长处和不足，不过分自责和自夸，又不以自我为中心，更不追求过分的赞许，不随意附和、盲从，不要别人曲意取悦于自己。对自己估计过高的人，往往自尊心过强，容易产生虚荣心理，变得自我满足和自我陶醉。这种人往往以自己的长处去比别人的短处，以为自己处处比别人强，一旦别人超过了自己就不高兴，进而产生忌妒心。别人的幸福也将使他感到不快，以致心情沮丧、牢骚满腹。

相反，对自己估计过低的人，又常常会产生自卑心理，事事处处都觉得自己不行，一味地自我贬低和逃避退缩。在身体上嫌自己长得太矮、太胖或太瘦，怀疑自己的健康而郁郁寡欢；在学习上毫无进取之心，甘居中游、下游；在人际交往中总是一副惭愧、羞怯、畏缩、低人一等的样子。这种人对外界的反应十分敏感，稍稍受到挫折就会心灰意冷，甚至产生厌世轻生的念头，最终结果不堪设想。

三、学会正确对待成绩

"谦受益，满招损"。当我们在学习和工作中取得一些成绩时，既要肯定自己曾经付出的努力，也要看到党和团的培养、老师的教导、家长的关心支持和同学们的帮助。这样，我们就不会处于盲目状态、自以为是。最好回顾和总结自己现在取得成绩、获得荣誉的前因，得出今后该如何去做的正确结论。俗话说一份耕耘，一分收获，现在的辉煌必是因为你已经付出了大量的时间、精力和汗水才得到的。那时候的你可曾沉醉过？相应的，如果现在沉醉于辉煌，则未来辉煌不再；只有照以前那样继续努力下去，才有可能迎来新的辉煌。

四、学会正确对待失败

在人生道路上，谁都希望获得成功，取得成绩。但任何成功都往往是失败的积累，而每一次失败又是通向成功的一级阶梯。在这一点上，许多科学家的经历给我们留下了宝贵的启迪。在青少年成长的道路上，摔跟头、失败是在所难免的。当我们遇到困难或挫折时，不应该马上怀疑自己的能力，认为自己什么都不行，从而一蹶不振。而应该冷静地加以分析，找出失败的原因，找出问题的症结所在。当然，也可请老师或家长与自己一起"会诊"，然后对"症"下"药"，不仅可以从失败走向成功，还可以从中学到很多东西，为将来更大的成功奠定基础。

品德修养之自强篇

私生子应怎样对待生活?

私生子是其生身父母不负责任结合的产物。作为私生子女本人毫无责任,理应和婚生子女一样受到人们的爱护和关怀。然而,由于世俗偏见,人们往往把他们生身父母道德的谴责扩大到私生子女身上。冷漠和歧视给私生子女的生活投下了浓厚的阴影,有的人甚至终生走不出这阴影,抱恨终生、自暴自弃、堕落消沉。这是不公平的,私生子女所承受的生活压力和精神压力是难以想象的。痛苦的经历和生身父母的不负责任会使私生子女陷于长期的精神折磨之中。

如果你是一名私生子女,该怎么办呢?

一、你要勇敢地抬起头来,正视人生

你和你的同学一样都是活泼、可爱的孩子,都是祖国的花朵、祖国的未来,要克服自卑。任何人要成长,都可能产生自卑感,只不过自卑感在你身上会更浓重一些。有关身世的痛苦经验有意或无意地不断起着作用,强化着你的自卑心理。但这种自卑不能任其消极发展,否则会使你变得心灰意冷、万念俱灰,甚至引起某些病症。要重新认识生活、认识到自己的存在对他人有益。以顽强的毅力和实际行动使自己的生活充满生机,把身世的缺憾作为成长的动力,积极地补偿自己,要敢于向命运挑战。

二、不要长期沉湎于孤独

因为孤独不仅影响身体健康,而且是一种病态的表现。要强迫自己,克服特殊身世所造成的心理定势，敞开心灵的大门，和他人交往。世上还是好人多，而且随着改革开放的不断推进，人们的观念也有所更新。要使自己的心境逐渐开朗起来，改变自己非理性的想法，使自己的生活充满阳光，和其他同学一样茁壮成长。

三、不要对社会产生报复心理

事实上，私生子女的出生是大多数人不愿看到的，或许有一些人会有世俗偏见，把他们对其生身父母的道德谴责扩大到私生子女身上，但大多数人对私生子女是非常同情和怜悯的。如果看不到这一点，一味地觉得别人看自己不顺眼，对自己有成见，那么时间一长就会对社会产生强烈的仇恨感。在这种情绪的刺激下，你可能会做出报复社会、报复他人的违法的事情，尽管这些人并不是那些伤害过你的人。如果这样做了，那么对你自己来说也是十分不幸的。所以，作为私生子女要放松心情，放开心胸，做一个乐观开朗的人。

总之，作为私生子女本人并无任何过错，不应该遭受任何指责，而且具有像其他人一样的权利。只要我们能正确看待人生、看待生活，加上自己持之以恒的努力，你的未来会和其他人一样辉煌，甚至会比其他人更辉煌。